VOM ALLERFEINSTEN

Vassili Leontaris

VASSILI LEONTARIS

1. Auflage

© 2019 Community Editions GmbH
Zülpicher Platz 9
50674 Köln

Texte: Vassili Leontaris
Layout, Design & Satz: BUCH & DESIGN Vanessa Weuffel
Redaktion: Tanja Stolze
Lektorat: Julia Voigtländer
Korrektorat: Julia Lucas

Fotos: © Manuel Krug: Cover, 10–11, 24–25, 46–47, 68–69, 92–93,
112–113, 130–131, 142–155
Rezeptfotos: © Vassili Leontaris
Abbildungen: Adobe Stock: © LIGHTFIELD STUDIOS (Schieferplatte);
shutterstock: © Pariyes Arunrat (S. 158)

Gesamtherstellung: Community Editions GmbH

ISBN 978-3-96096-100-0

Printed in Poland

www.community-editions.de

EL = Esslöffel
g = Gramm
l = Liter

Für meine Familie, meine Community
und für alle jungen Leute, die gerne
einfach und lecker kochen.

VORWORT

HALLO MEINE LIEBEN, ich bin Vassili Leontaris und 30 Jahre jung. Hier erzähle ich euch ein wenig darüber, wie ich zu meinem ersten eigenen Kochbuch gekommen bin und wie alles anfing.

Ich stand schon mit sechs Jahren in der Küche meiner Oma und habe ihr beim Kochen geholfen – das hat mir mehr Spaß gemacht, als mit Lego zu spielen. Schon in diesen jungen Jahren hat es mich fasziniert zu sehen, wie glücklich man Menschen machen kann, wenn man sie mit gutem Essen bekocht.

Während meiner Jugendzeit, mit etwa 15, habe ich mich entschieden, das Kochen als Beruf zu lernen und habe mich in verschiedenen Restaurants beworben. Dort habe ich viele unterschiedliche Arten des Kochens gelernt und zahlreiche Tipps und Tricks mitnehmen können. In der Berufsschule waren meine Hauptfächer Ernährungslehre und Hauswirtschaft, was mich definitiv sehr geprägt und mir gezeigt hat, wie grundsätzlich wichtig Dinge wie Waschen, Kochen und Sauberkeit sind.

Mit 19 Jahren wurde mir das Standardprogramm, das man in vielen Küchen findet, zu langweilig. Meine Kreativität wuchs und wuchs und ich wollte viel häufiger Gerichte auf meine eigene Art und Weise kochen. Ich habe eine Kochschule besucht und dort alle Grundlagen darüber gelernt, wie man kreative Gerichte kombinieren und gestalten kann. Danach habe ich sehr schnell meinen eigenen Stil gefunden, Gerichte zu kreieren, die es so noch nicht gab. Natürlich wusste ich nicht, wie sie ankommen würden – aber ich kann euch sagen: Man muss im Leben einiges riskieren, wenn man seine Ziele erreichen möchte!

Nachdem ich dann fünf Jahre in der Gastronomie mit einem Steakhouse selbstständig war, ist mein Hunger nach mehr Kreativität immer größer geworden – und dann habe ich YouTube entdeckt.

Ich bin jetzt seit 1 1/2 Jahren auf YouTube und habe dort erlebt, dass ich jungen Menschen das Kochen beibringen kann – auf eine ganz einfache Art und Weise. Es gibt viele Arten zu kochen, aber mein Stil ist schlicht, schnell und lecker – einfach »homemade«. Komplizierte Gerichte sind für Profiköche, aber ich bin lieber ein Homemade-Koch. Auf meinem YouTube-Kanal habe ich meine Gerichte so gekocht, dass jeder sie mühelos zu Hause nachkochen kann – das finde ich sehr wichtig. Alles sollte einfach

zuzubereiten sein, aber auch gut aussehen und natürlich umwerfend schmecken. Die Möglichkeiten, auf YouTube meiner Kreativität freien Lauf zu lassen, sind unbegrenzt, worüber ich sehr froh bin. Ich hatte aber auch schon immer den Traum vom eigenen Kochbuch, mit dem ich junge und alte Menschen auf eine kulinarische Reise schicken kann. Ein Buch, gefüllt mit meinen Lieblingsgerichten, aber auch mit kreativen neuen Ideen. Als vor fünf Monaten die Anfrage des Verlages für dieses Kochbuch kam, war ich überwältigt – ich bin in die Luft gesprungen vor Freude!
Der Weg zum fertigen Kochbuch war sehr aufregend. Ich habe unglaublich viel gelernt und konnte zahlreiche eigene Ideen umsetzen. Es war beeindruckend für mich zu sehen, wie das Ganze Schritt für Schritt Gestalt annahm.

Die Fotoproduktion und das Food-Styling waren eine neue Experience für mich, es war echt spannend, das mal selbst zu machen. Vorher hatte ich mich immer gefragt: »Wie bekommen die für die Kochbücher immer so tolle Fotos hin?« – und jetzt beherrsche ich es selbst!

Was solche Träume angeht, kann ich euch einen guten Tipp mitgeben: Unabhängigkeit, Selbstständigkeit, ein starker Wille und Lebenserfahrung sind das, was man braucht, um seine Ziele zu erreichen. Das ist meine Erfahrung. Mein erstes eigenes Kochbuch gibt mir das Gefühl, dass ich Geschichte schreiben darf – mein Buch wird es auch in 100 Jahren noch geben. Genauso ist es mit meinem YouTube-Kanal: Die Koch-Videos werden immer verfügbar sein. Das ist das, was mich motiviert, immer wieder Neues auszuprobieren und noch weiter zu kommen.

Ich freue mich auf die Zukunft und auf viele weitere Kochbücher. Ich danke jedem, der mich supportet und der sich zusammen mit mir auf weitere Abenteuer einlässt. Mein Motto ist immer: Einmal essen und es nie wieder vergessen. ;-)

Fingerfood ist so vielfältig!
Bei uns in Griechenland nennen wir die
leckeren Snacks auch Meze. Man serviert viele
kleine verschiedene Gerichte und begibt sich so
auf eine spannende kulinarische Reise.

TAPAS

- 200 g Chorizo (Paprikawurst)

- 100 ml trockener Rotwein

- 2 EL Olivenöl

- 1 Zweig Rosmarin

AUSSERDEM:

- feuerfeste Schale

ZUBEREITUNG

1 Den Backofen auf 240 °C Ober-/Unterhitze vorheizen. Die Chorizo in dünne Scheiben schneiden, die ungefähr Finger-breite haben sollten, und in eine feuerfeste Tapasschale legen. Den Rotwein und das Olivenöl dazugeben und alles gut vermischen.

2 Die Chorizo im Ofen für 8–10 Minuten backen. Heraus-nehmen, mit dem Rosmarin garnieren und mit frischem Baguette servieren.

CHORIZO
IN ROTWEIN

TIPP

Ich mag die Chorizo gerne extra kross, daher lasse ich sie noch ungefähr 5 Minuten länger im Ofen.

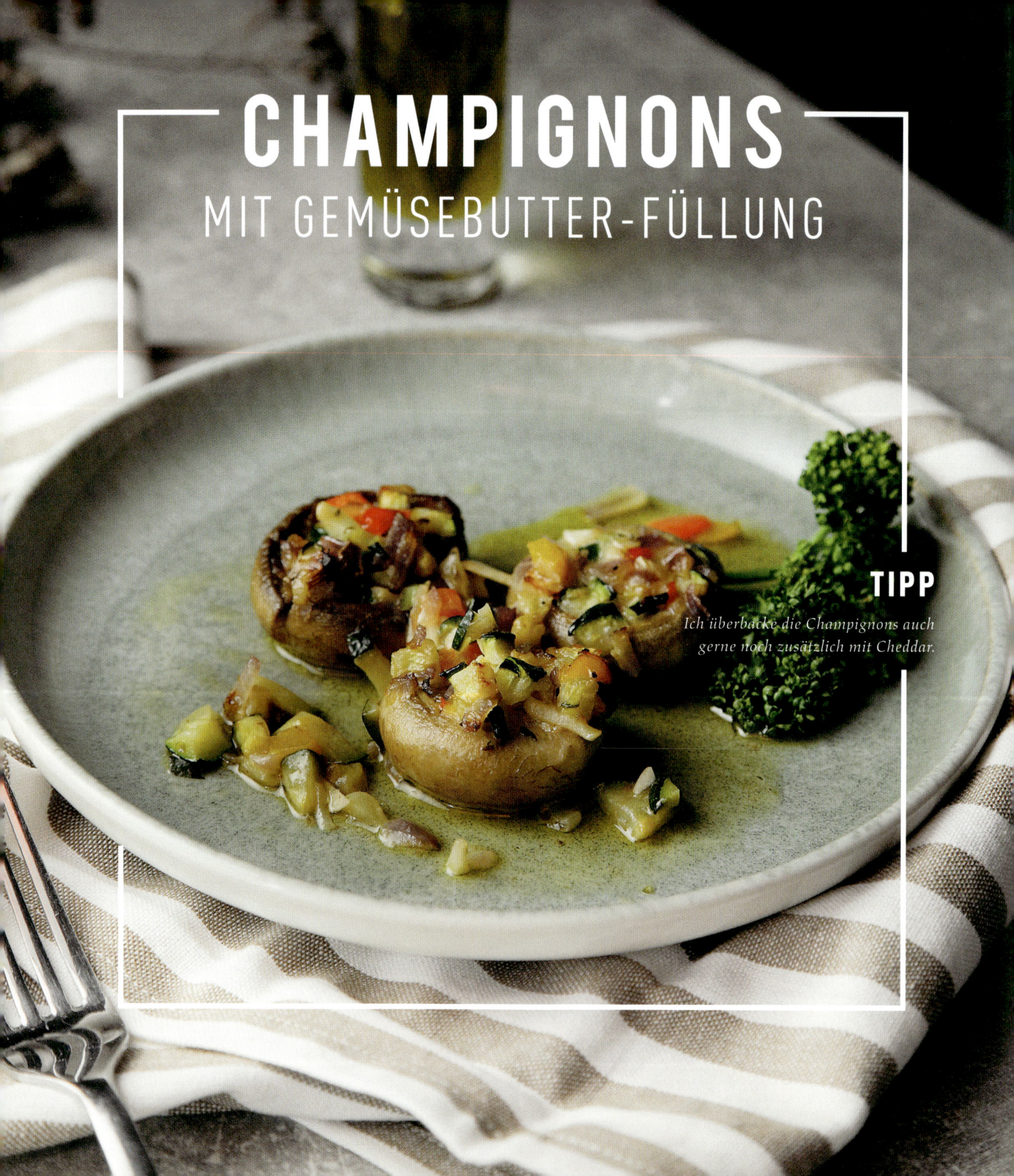

CHAMPIGNONS
MIT GEMÜSEBUTTER-FÜLLUNG

TIPP

Ich überbacke die Champignons auch gerne noch zusätzlich mit Cheddar.

- 1/3 Zucchini
- 1 rote Paprikaschote
- 1/2 rote Zwiebel
- 2 Knoblauchzehen
- 1 EL Olivenöl
- 200 g weiche Butter
- 1 EL Zitronensaft
- 1 Prise getrockneter Oregano
- Salz
- Pfeffer
- 1 Prise edelsüßes Paprikapulver
- 4 große Champignonköpfe

FÜR 4 PORTIONEN

ZUBEREITUNG

1 Die Zucchini und die Paprikaschote waschen und putzen, Zwiebel und Knoblauch schälen. Alles in sehr feine Würfel schneiden. In einer Pfanne das Olivenöl erhitzen und das kleingehackte Gemüse darin anschwitzen. Anschließend – ganz wichtig! – das Gemüse abkühlen lassen. Den Backofen auf 240 °C Ober-/Unterhitze vorheizen. Ein Backblech mit Backpapier belegen.

2 Die Butter in eine Schüssel geben und das abgekühlte Gemüse hinzufügen. Alles gut miteinander vermischen und mit Zitronensaft und den Gewürzen abschmecken. Fertig ist die Füllung!

3 Die Champignons vorsichtig mit Küchenkrepp putzen und die Stiele entfernen. Die Pilze auf das Backblech legen und mit der Gemüsebutter füllen.

4 Im vorgeheizten Backofen für etwa 10 Minuten backen, dabei zieht die Gemüsebutter schön in die Champignons ein. Aus dem Ofen holen und servieren.

- 180 g geschälte Gambas

- Salz

- Pfeffer

- 5 Knoblauchzehen

- 1/2 Bund Petersilie

- 200 ml Rapsöl

- 1/2 TL edelsüßes
  Paprikapulver

- 2 Chilischoten

AUSSERDEM:

- feuerfeste Form

FÜR 2 PORTIONEN

ZUBEREITUNG

1 Den Backofen auf 240 °C Ober-/Unterhitze vorheizen. Die Gambas in eine feuerfeste Tapasschale geben und mit Salz und Pfeffer würzen. Den Knoblauch schälen und in dünne Scheiben schneiden. Die Petersilie waschen, die Blätter von den Stielen zupfen und klein hacken.

2 In einer kleinen Pfanne das Rapsöl erhitzen und den Knoblauch darin goldbraun anbraten. Das Paprikapulver sowie die Hälfte der Petersilie einrühren und die Pfanne von der Herdplatte nehmen.

3 Die Ölmischung in die Tapasschale über die Gambas gießen und alles gut vermischen. Je eine Chilischote auf die Gambas legen und für etwa 10 Minuten im vorgeheizten Ofen backen. Vor dem Servieren mit der restlichen Petersilie bestreuen.

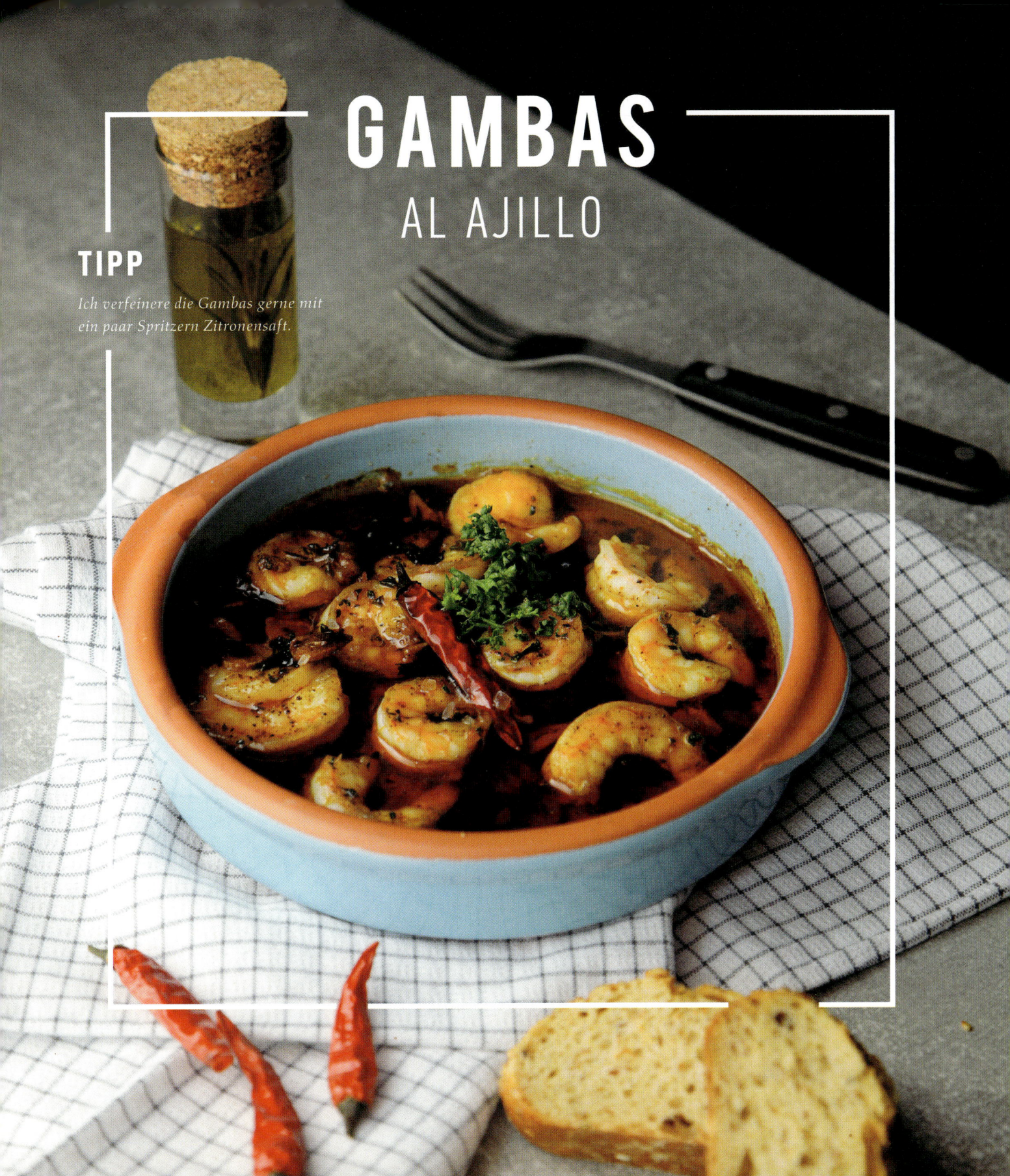

GAMBAS
AL AJILLO

TIPP

Ich verfeinere die Gambas gerne mit ein paar Spritzern Zitronensaft.

GEFÜLLTE DATTELN
IM SPECKMANTEL

TIPP

Ich brate mir gerne noch extra Lauchstreifen in Knoblauchöl an und gebe diese über die fertigen Datteln.

- 150 g Frischkäse

- 120 g Fetakäse

- 1 Spritzer Olivenöl

- 2 TL edelsüßes
  Paprikapulver

- 4 frische Datteln

- 4 Scheiben Schwarz-
  wälder Schinken

- Pfeffer

- 1 EL Knoblauchöl

- 1 Prise Salz

AUSSERDEM:

- feuerfeste Tapasschale

ZUBEREITUNG

1 Den Backofen auf 240 °C Ober-/Unterhitze vorheizen. Den Frischkäse, den Feta und das Olivenöl in eine Schüssel geben und gut miteinander verrühren. Die Mischung mit Paprikapulver würzen.

2 Die Datteln längs aufschneiden und vorsichtig den Kern entfernen. Jeweils 1 gehäuften EL von der Frischkäsemasse nehmen und in der Hand die Datteln darin einrollen. Danach die Datteln mit je 1 Scheibe Schwarzwälder Schinken ummanteln.

3 Die eingerollten Datteln in das Tapasschälchen legen. Mit Salz und Pfeffer würzen, mit Knoblauchöl beträufeln und für etwa 10 Minuten im vorgeheizten Ofen backen. Dazu schmeckt frisches Brot lecker.

FÜR 2 PORTIONEN

- 1 Zucchini
- 4 EL Rapsöl
- 150 g Frischkäse
- 130 g Fetakäse
- Salz
- Pfeffer
- 1 Knoblauchzehe
- 2 Zweige Rosmarin
- 1 TL Knoblauchöl

AUSSERDEM:

- feuerfeste Tapasschale

ZUBEREITUNG

1 Die Zucchini waschen, putzen und längs in lange dünne Scheiben schneiden. In einer Pfanne das Rapsöl erhitzen und die Zucchinischeiben darin von beiden Seiten goldbraun braten. Aus der Pfanne nehmen und auf einem Stück Küchenkrepp abtropfen lassen. Den Backofen auf 240 °C Ober-/Unterhitze vorheizen.

2 Frischkäse und Feta in einer Schüssel miteinander verrühren und mit Salz und Pfeffer würzen. Die Knoblauchzehe dazupressen oder klein hacken und dazugeben. Die Rosmarinnadeln abzupfen, hacken und unter die Käsemischung rühren.

3 Die Zucchinischeiben auf der Arbeitsplatte ausbreiten und mit jeweils 1 TL der Masse bestreichen. Die Scheiben vorsichtig einrollen und senkrecht nebeneinander in eine hitzebeständige Tapasschale stellen. Die Zucchiniröllchen mit dem Knoblauchöl beträufeln und im vorgeheizten Ofen etwa 10 Minuten backen.

GEFÜLLTE ZUCCHINI

TIPP

*Ich genieße dazu gerne
einen frischen Salat.*

MINI-CHEESEBURGER

TIPP

*Meine selbstgemachte
Sour Cream (S. 81) passt als Soße
auf den Burger hervorragend.*

- 200 g Rinderhackfleisch
- grobes Meersalz
- Pfeffer
- getrockneter Oregano
- 1 TL Olivenöl
- 1 TL Rapsöl
- 2 Mini-Burgerbrötchen
- 10 g Kräuterbutter
- 2 Scheiben Cheddar
- 1 rote Zwiebel
- 1 Tomate
- Curryketchup
- Senf
- 1 Handvoll Pflücksalat

FÜR 2 PORTIONEN

ZUBEREITUNG

1 Das Hackfleisch in eine Schüssel geben und mit Salz, Pfeffer und Oregano würzen. Das Olivenöl hinzufügen und alles gut miteinander verkneten. Dann zu zwei kleinen Pattys formen.

2 In einer Pfanne das Rapsöl erhitzen und die Pattys darin anbraten. In der Zwischenzeit die Burgerbrötchen halbieren, die Kräuterbutter etwas anschmelzen lassen und damit die Brötchen bestreichen.

3 Kurz bevor die Pattys fertig gebraten sind, jeweils eine Scheibe Cheddar darauflegen und schmelzen lassen. Das Fleisch aus der Pfanne nehmen und das Öl wegkippen. Dann die Burgerbrötchen in die Pfanne legen und den verbleibenden Sud einziehen lassen. Die Zwiebel schälen und in Ringe schneiden, die Tomate waschen und in Scheiben schneiden.

4 Jetzt geht es ans Anrichten: Die unteren Seiten der Burgerbrötchen mit Curryketchup und Senf bestreichen. Darauf kommen jeweils erst der Pflücksalat, dann die Pattys und danach Zwiebel- und Tomatenscheiben. Zum Schluss noch mal einen kleinen Klecks Curryketchup auf die oberen Brötchenhälften geben und fertig sind die Mini-Burger.

Mein Vater hat früher für mich die besten Sandwiches gemacht! So hat er mich inspiriert, selbst kreative Sandwiches zuzubereiten.

SANDWICHES

4-KÄSE-SANDWICH

TIPP

Ihr könnt auch andere Käsesorten verwenden. Als Käseliebhaber mag ich das Sandwich gerne mit sehr viel Käse. Je mehr Käse, desto besser!

- *4 Scheiben Toastbrot*

- *Butter*

- *2 Scheiben Gouda*

- *2 Scheiben Emmentaler*

- *20 g geriebener Parmesan*

- *4 dünne Scheiben Mozzarella*

AUSSERDEM:

- *Sandwichtoaster*

ZUBEREITUNG

1 Alle Toastbrotscheiben mit Butter bestreichen. Zwei Scheiben mit je einer Scheibe Gouda und Emmentaler belegen und den geriebenen Parmesan darauf verteilen. Darüber kommen nun jeweils zwei Scheiben Mozzarella und die zwei übrigen Toastscheiben.

2 Die Brote im Sandwichtoaster knusprig backen und fertig ist euer ultrakäsiges Sandwich!

FÜR 2 PORTIONEN

- 6 Scheiben Toastbrot

- 1/2 Bund Petersilie

- 1 Avocado

- 200 g Frischkäse

- Salz

- Pfeffer

- 1 Zitrone

- 80 g Feldsalat

- 1 Tomate

AUSSERDEM:

- Toaster

FÜR 2 PORTIONEN

ZUBEREITUNG

1 Das Toastbrot goldbraun toasten. Die Petersilie waschen, die Blätter von den Stielen zupfen und klein hacken. Die Avocado schälen, halbieren und entkernen. Das Avocadofruchtfleisch mit einer Gabel zerdrücken, mit der Petersilie und dem Frischkäse in einer Schüssel vermengen und mit Salz und Pfeffer abschmecken. Die Zitrone hineinpressen und alles gut verrühren, bis die Mischung cremig ist.

2 Den Feldsalat waschen und trocknen, die Tomate waschen und in Scheiben schneiden.

3 Jeweils zwei Toastscheiben mit der Avocadocreme bestreichen. Mit Feldsalat, je zwei Scheiben Tomate und noch je eine Scheibe Toast belegen. Die oberen Toastscheiben wieder großzügig mit Avocadocreme bestreichen und ebenfalls mit Feldsalat und Tomaten sowie Toast belegen.

AVOCADO-CLUB-SANDWICH

TIPP

Ich belege das Sandwich gerne noch mit einem Spiegelei. In Kombination mit der Avocadocreme schmeckt das vom Feinsten!

BBQ-
SANDWICH

TIPP

*Ich brate die Würstchen
vorher in einer Pfanne an und
würze sie mit Pfeffer.*

- 6 Scheiben Toastbrot
- 2 Geflügelwürstchen
- 1/4 Kopf Eisbergsalat
- 2 EL BBQ-Soße
- 4 Scheiben Cheddar
- 1 EL Curryketchup

AUSSERDEM:

- Toaster

ZUBEREITUNG

1 Die Toastbrotscheiben im Toaster goldbraun rösten. In der Zwischenzeit die Würstchen längs halbieren, in vier Stücke schneiden und zur Seite legen. Die Salatblätter vom Kopf lösen.

2 Die getoasteten Brotscheiben auf ein Brett legen und mit der BBQ-Soße bestreichen. Dann wird gestapelt: Erst 1–2 Salatblätter auf die Toastscheiben legen, dann jeweils eine Scheibe Cheddar, darauf die klein geschnittenen Würstchen, nochmal eine Toastscheibe, wieder Salat sowie eine Scheibe Cheddar, 1/2 EL Curryketchup und zum Schluss die letzte Scheibe Toastbrot. Fertig ist das BBQ-Sandwich!

FÜR 2 PORTIONEN

HAM-AND-CHEESE-SANDWICH

TIPP

Ich schmiere die Toastscheiben immer mit richtig viel Butter ein. So wird das Sandwich von innen soft und bleibt trotzdem knusprig.

- *6 Scheiben Toastbrot*
- *Butter*
- *4 TL Mayonnaise*
- *Pfeffer*
- *1/4 Kopf Eisbergsalat*
- *4 Scheiben Cheddar*
- *4 Scheiben Kochschinken*

FÜR 2 PORTIONEN

ZUBEREITUNG

1 Die Toastbrotscheiben von beiden Seiten mit Butter bestreichen. Dann in einer Pfanne bei mittlerer Hitze goldbraun anbraten. Zwischendurch das Brot ein wenig andrücken. Die Toastbrote aus der Pfanne holen.

2 Zuerst jeweils 1 TL Mayonnaise auf zwei der Toastscheiben verteilen und mit etwas Pfeffer würzen. Die Salatblätter vom Kopf lösen, je 1–2 Blätter auf die Toasts legen und darauf je eine Scheibe Cheddar, eine Scheibe Kochschinken und eine weitere Toastbrotscheibe. Diese Reihenfolge noch einmal wiederholen und fertig ist das leckere Sandwich!

- 8 Fischstäbchen

- 6 Scheiben Toastbrot

- Remoulade

- 4 Scheiben Cheddar

- 4 Blätter Eisbergsalat

- 1/2 Zitrone

AUSSERDEM:

- Toaster

ZUBEREITUNG

1 Zuerst die Fischstäbchen nach Packungsanleitung in einer Pfanne braten und beiseitestellen. Währenddessen das Toastbrot goldbraun toasten.

2 Zwei Toastbrotscheiben mit Remoulade bestreichen. Dann mit 1–2 Salatblättern und jeweils zwei Fischstäbchen belegen. Darauf kommen je eine Scheibe Cheddar und eine Scheibe Toast. Diese Toasts ebenfalls mit Remoulade bestreichen und mit je zwei Fischstäbchen und einer Scheibe Cheddar belegen. Zum Schluss ein wenig Zitronensaft darüberpressen und die letzten beiden Toastscheiben darauflegen.

FISCHSTÄBCHEN-SANDWICH

TIPP

Ich bereite mir das Sandwich auch gerne mit gebratenem Lachs statt mit Fischstäbchen zu. Vom Feinsten!

- 6 Scheiben Toastbrot

- 2 Tomaten

- 1 Kugel Mozzarella

- 1/2 Bund Basilikum

- Salz

- Pfeffer

- Olivenöl

- 1 Handvoll Feldsalat

- 1 TL Balsamicoessig

AUSSERDEM:

- Toaster

FÜR 2 PORTIONEN

ZUBEREITUNG

1 Die Toastscheiben im Toaster goldbraun rösten. Die Tomaten und den Mozzarella in dünne Scheiben schneiden. Den Basilikum waschen, die Blättchen abzupfen und klein hacken. Die Tomaten- und Mozzarellascheiben mit dem klein gehackten Basilikum einreiben, mit Salz und Pfeffer würzen und mit Olivenöl beträufeln.

2 Zwei Toastbrotscheiben mit Olivenöl einreiben und mit Feldsalat belegen. Darauf kommen dann jeweils zwei Scheiben Tomate und zwei Scheiben Mozzarella. Alles mit jeweils 1/2 TL Balsamico beträufeln und mit je einer Scheibe Toastbrot bedecken. Diese Reihenfolge wiederholen und fertig ist das leckere Tomate-Mozzarella-Sandwich!

TOMATE-
MOZZARELLA-
SANDWICH

TIPP

Ich reibe zum Schluss noch gerne frischen Parmesankäse über das Sandwich. Ich liebe halt einfach Käse!

GREEK SANDWICH

TIPP

Ich empfehle euch, noch frische rote Zwiebeln auf das Sandwich zu legen. Das gibt ein tolles Extra-Aroma.

- 4 Scheiben Toastbrot

- Butter

- 100 g Fetakäse

- 1/4 grüne Paprikaschote

- getrockneter Oregano

- 2 Spritzer Olivenöl

- 1 Handvoll gesalzene Chips

AUSSERDEM:

- Sandwichtoaster

FÜR 2 PORTIONEN

ZUBEREITUNG

1 Zwei Toastscheiben mit Butter bestreichen und den Fetakäse gleichmäßig darauf zerkrümeln.

2 Die Paprikaschote putzen, waschen und in dünne, lange Spalten schneiden. Auf den Feta legen. Alles mit etwas Oregano würzen und mit je 1 Spritzer Olivenöl beträufeln. Zuletzt einige Chips über der Füllung zerbröseln und die übrigen Toastscheiben darauflegen. Die Sandwiches im Sandwichtoaster goldbraun backen.

HOTDOG-SANDWICH

TIPP

Man kann statt der Geflügelwurst auch Sucuk, eine kräftig gewürzte Knoblauchwurst, verwenden.

- *4 Scheiben Toastbrot*

- *Butter*

- *2 Geflügelwürstchen*

- *2 Scheiben Cheddar*

- *Ketchup*

- *Senf*

- *2 EL Röstzwiebeln
  (Fertigprodukt)*

AUSSERDEM:

- *Sandwichtoaster*

ZUBEREITUNG

1 Die Toastbrote mit Butter bestreichen. Die Würstchen längs halbieren und dann in vier Teile schneiden.

2 Zwei Toastscheiben mit jeweils einer Scheibe Cheddar belegen und mit etwas Ketchup und Senf bestreichen. Danach die Würstchenstücke und die Röstzwiebeln darauflegen. Mit den restlichen Toastscheiben bedecken und im Sandwichtoaster überbacken.

FÜR 2 PORTIONEN

- 4 Scheiben Toastbrot

- Butter

- Ketchup

- getrockneter Oregano

- 60 g geriebener Mozzarella

- 2 Tomatenscheiben

- 4 Scheiben Salami

AUSSERDEM:

- Sandwichtoaster

ZUBEREITUNG

1 Zwei Toastscheiben mit Butter und Ketchup bestreichen und mit jeweils 1 Prise Oregano bestreuen.

2 Auf zwei der Toastscheiben den geriebenen Mozzarella darüberstreuen. Darauf die Tomatenscheiben sowie je zwei Scheiben Salami legen. Die Salami mit den beiden restlichen Toastbrotscheiben belegen. Die Sandwiches im Sandwichtoaster goldbraun backen und genießen.

FÜR 2 PORTIONEN

PIZZA-
SANDWICH

TIPP

Ich kann euch das Pizza-Sandwich auch mit karamellisierten Zwiebeln empfehlen!

SUCUK-SANDWICH

TIPP

Die Rühreimasse kann man mit einem Schuss Milch noch cremiger machen.

- 30 g Sucuk (kräftig gewürzte Knoblauchwurst)

- 2 Eier

- 1 TL TK-Schnittlauch

- 20 g Butter

- Salz

- Pfeffer

- 4 Scheiben Toastbrot

- 2 Scheiben Cheddar

- 2 Tomatenscheiben

AUSSERDEM:

- Sandwichtoaster

FÜR 2 PORTIONEN

ZUBEREITUNG

1 Die Sucuk in kleinen Würfel schneiden. Die Eier in einer Schüssel verquirlen und mit etwas TK-Schnittlauch würzen. In einer Pfanne bei mittlerer Temperatur die Butter erhitzen und die Sucukwürfel darin leicht anbraten. Dann die Eier hinzugeben und zu Rührei verarbeiten. Mit Salz und Pfeffer abschmecken.

2 Die Toastbrotscheiben je nach Geschmack mit Butter bestreichen. Auf zwei Brotscheiben das Sucuk-Rührei verteilen. Darauf jeweils eine Scheibe Cheddar und eine Scheibe Tomate legen. Zum Schluss die restlichen Toastscheiben darauflegen und alles im Sandwichtoaster goldbraun backen.

Mit etwa acht Jahren habe ich mir mein erstes
Gericht komplett selbst zubereitet.
Das war damals Spaghetti Bolognese und
seitdem ist es eines meiner Lieblingsgerichte.
Es geht nichts über eine hausgemachte
Bolognese. Einfach lecker!

PASTA

- 5 Knoblauchzehen

- Salz

- 200 g Spaghetti

- erstklassiges Olivenöl
  Extra Vergine

- 1/2 Bund Basilikum

- Pfeffer

ZUBEREITUNG

1 Den Knoblauch schälen und in dünne Scheiben schneiden. Für die Pasta einen großen Topf mit Wasser, 1 TL Salz und einigen Tropfen Olivenöl zum Kochen bringen. Die Nudeln darin al dente kochen.

2 In der Zwischenzeit Olivenöl in eine Pfanne geben und die Knoblauchscheiben darin goldbraun anbraten. Vorsicht, nicht zu heiß, damit sie nicht verbrennen und bitter werden. Mit einer kleinen Kelle etwas von dem Nudelwasser abnehmen, den Knoblauch damit ablöschen und alles etwa 5 Minuten zu einer sämigen Soße einkochen. Das Basilikum waschen, die Blätter von den Stielen zupfen und fein hacken.

3 Die Nudeln abgießen und – ganz wichtig! – gut abtropfen lassen. Ein wenig Olivenöl in die Soße geben und das Basilikum unterheben. Alles eine Minute braten lassen. Die abgetropften Spaghetti dazugeben und alles gut vermischen. Zum Schluss mit ein wenig Salz und viel Pfeffer abschmecken.

AGLIO E OLIO

TIPP

Ein ganz neues, aber ebenso köstliches Gericht erhaltet ihr, wenn ihr zerbröselten Fetakäse unter die Nudeln mischt. Oder ihr legt einfach ein paar Scheiben davon darüber.

- 1 Zwiebel
- 2 Knoblauchzehen
- 1 frische rote Chilischote
- 5 Scheiben Bacon
- 1 EL Öl
- 350 g gemischtes Hackfleisch
- 1 EL Tomatenmark
- Salz, Pfeffer
- getrockneter Oregano
- 800 ml passierte Tomaten (aus der Dose)
- 300 g Bucatini-Pasta
- 150 g Butter
- 60 g Mehl
- 200 ml Milch
- 100 ml Sahne
- 100 g geriebener Mozzarella
- 100 g geriebener Gouda
- 2 EL frisch gehackte Petersilie
- Öl für die Form

AUSSERDEM:

- Auflaufform 35 x 15 cm

FÜR 4 PORTIONEN

ZUBEREITUNG

1 Zwiebel und Knoblauch schälen und in feine Würfel schneiden. Die Chilischote putzen, längs halbieren, die Kerne entfernen und die Chili in feine Ringe schneiden (dabei am besten Handschuhe tragen, damit die Schärfe nicht an die Finger und dann vielleicht in die Augen gelangt). Den Bacon in Stücke schneiden und ohne Fett in einer Pfanne knusprig anbraten. Aus der Pfanne nehmen und zur Seite stellen.

2 Das Öl in dieselbe Pfanne geben und das Hackfleisch darin krümelig anbraten, bis es durchgebraten ist. Dann Zwiebel, Knoblauch und Chili hinzugeben und gut 2 Minuten mitbraten. Mit Salz, Pfeffer und Oregano würzen.

3 Das Tomatenmark zum Hackfleisch geben und gut unterrühren. Mit den passierten Tomaten ablöschen und alles für 8–10 Minuten köcheln lassen. In der Zwischenzeit das Nudelwasser aufsetzen und die Bucatini nach Packungsanleitung kochen. Den Backofen auf 175 °C Umluft vorheizen. Eine Auflaufform mit Öl einfetten.

4 Für die Béchamelsoße die Butter in einen Topf geben und bei mittlerer Hitze zum Schmelzen bringen. Das Mehl darüberstäuben und rasch unterrühren, damit nichts verklumpt. Die Soße kurz vom Herd nehmen und die Milch und Sahne einrühren. Alles mit Salz und Pfeffer abschmecken und noch mal für 2 Minuten auf niedriger Hitze köcheln lassen.

5 Die abgetropften Nudeln und den gebratenen Bacon zu der Tomaten-Hack-Soße in die Pfanne geben und alles gut durchmischen. Dann die Masse in die eingefettete Auflaufform geben. Die Béchamelsoße gleichmäßig darübergießen. Den Auflauf mit dem Gouda und Mozzarella bestreuen und für 20–25 Minuten im Ofen backen. Mit gehackter Petersilie bestreut servieren.

BUCATINI-AUFLAUF

TIPP

Schmeckt die Béchamelsoße mit ein wenig Muskat ab – das gibt ein extra leckeres Aroma!

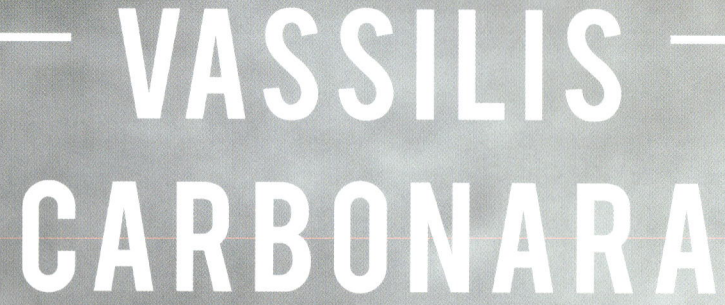

VASSILIS CARBONARA

TIPP

Ich persönlich nehme immer ein wenig mehr Parmesan, so wird die Carbonara noch cremiger. Ich stehe einfach auf Käse!

- 1 1/2 EL Olivenöl

- 1 Knoblauchzehe

- 2 Eier

- 100 ml Sahne

- 30 g geriebener Parmesan

- 200 g Pasta (z. B. Spaghetti)

- 120 g Chorizo

- 1/2 Zwiebel

- Salz

- Pfeffer

- Parmesan am Stück zum Servieren

FÜR 2 PORTIONEN

ZUBEREITUNG

1 Einen großen Topf mit Wasser aufkochen, ein paar Tropfen Öl und 1 TL Salz hinzufügen. Die Pasta in das kochende Wasser geben, gut umrühren und kochen, bis die Nudeln al dente sind.

2 Währenddessen den Knoblauch schälen, pressen oder klein hacken und zusammen mit Eiern, Sahne und geriebenem Parmesan in einer Schüssel gut verrühren.

3 Die Zwiebel schälen und fein würfeln, die Chorizo ebenfalls fein würfeln. In einer Pfanne das Olivenöl erhitzen und Zwiebel- und Chorizowürfel darin goldbraun anbraten. Zur Seite stellen.

4 Die Nudeln abgießen und in die Pfanne zu der gebratenen Chorizo-Zwiebel-Mischung geben. Gut verrühren. Die Eier-Sahne-Mischung langsam unterheben und alles zusammen 2 Minuten auf mittlerer Hitze köcheln lassen. Zum Schluss mit Salz und Pfeffer abschmecken. Zum Servieren noch ein wenig frischen Parmesan auf die Pasta reiben.

- 6 große geschälte Garnelen
  (TK, aufgetaut)

- Salz

- 3 EL gutes Olivenöl
  Extra Vergine

- 200 g Pasta (z. B. Spaghetti)

- 1 Zucchini

- 1/2 Schalotte

- 2 1/2 Knoblauchzehen

- 4 EL trockener Weißwein

- 1 Prise Zucker

- Pfeffer

- 1 EL Hühnerbrühepulver

- 10 g Butter

- 2 Zweige Rosmarin

- Saft von 1/2 Zitrone

- 2 EL frisch gehackte Petersilie

FÜR 2 PORTIONEN

ZUBEREITUNG

1 Zuerst die aufgetauten Garnelen mit einem Küchenkrepp trocken tupfen. Dann einen großen Topf mit Wasser für die Pasta zum Kochen bringen, Salz und einige Tropfen Olivenöl dazugeben. Die Pasta darin al dente kochen (nicht weicher!).

2 Die Zucchini putzen und in mundgerechte Stücke schneiden. Die Schalotte schälen und klein würfeln. In einer Pfanne 1 EL Olivenöl erhitzen und die Zucchinistücke und Schalottenwürfel darin anschwitzen. 1 Knoblauchzehe schälen, hacken und zu der Zucchini in die Pfanne geben. 1–2 Minuten bei mittlerer Hitze anbraten.

3 Das Gemüse mit 2 EL Weißwein ablöschen und mit Zucker, Salz, Pfeffer und der Hühnerbrühe abschmecken. Die Butter hinzugeben und alles 1 Minute köcheln lassen.

4 Die Garnelen in einer anderen Pfanne in 1 EL Olivenöl anbraten. Den restlichen Knoblauch schälen, klein hacken und zu den Garnelen geben. Die Rosmarinnadeln von den Stielen streifen, hacken und ebenfalls dazugeben. Die Garnelen für 2 Minuten bei mittlerer Hitze anbraten und mit 2 EL Weißwein ablöschen. Zum Schluss den Zitronensaft dazugeben.

5 Die Garnelen zur Zucchinimischung in die Pfanne geben und kurz zum Kochen bringen. Dann die gegarte Pasta hinzugeben und alles gut verrühren. Die gehackte Petersilie ebenfalls unterheben. Die Pfanne vom Herd nehmen, die Pasta mit ein wenig gutem Olivenöl übergießen und servieren.

GEBRATENE ZUCCHINI

MIT PASTA UND GARNELEN

TIPP

Wenn ihr die Garnelen anbratet, gebt kurz vor Schluss 1 Zitronenscheibe mit in die Pfanne und legt einen Deckel darauf. So können die Garnelen die Aromen noch intensiver aufnehmen.

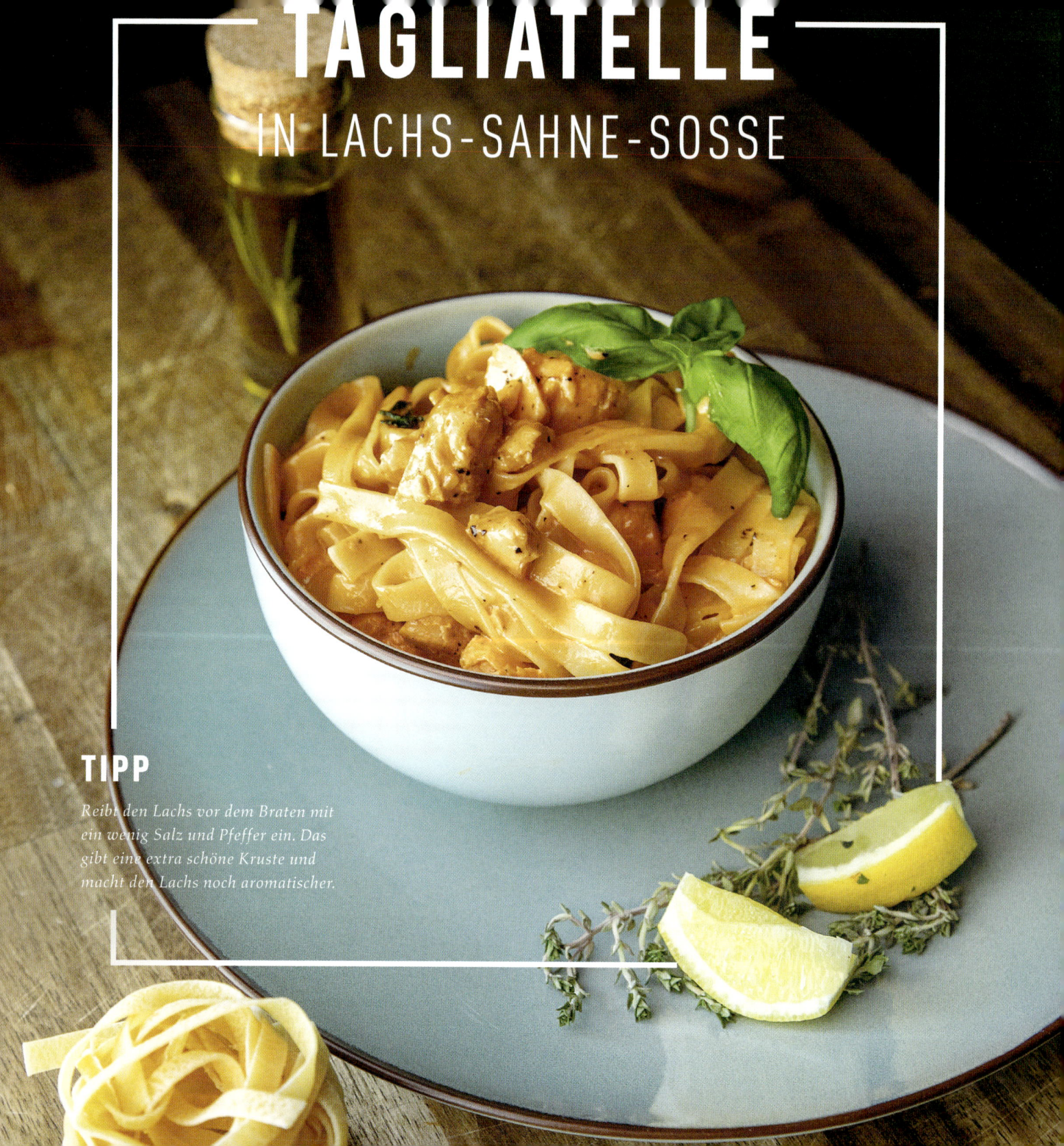

TAGLIATELLE
IN LACHS-SAHNE-SOSSE

TIPP

Reibt den Lachs vor dem Braten mit ein wenig Salz und Pfeffer ein. Das gibt eine extra schöne Kruste und macht den Lachs noch aromatischer.

- ◆ 250 g Tagliatelle
- ◆ Salz
- ◆ 1 1/2 EL Olivenöl
- ◆ 250 g Lachs (frisch oder TK, dann aufgetaut)
- ◆ 10 g Butter
- ◆ 200 ml Sahne
- ◆ 1 TL Gemüsebrühepulver
- ◆ 2 EL Weißwein
- ◆ 2 EL Tomatenmark
- ◆ Pfeffer

ZUBEREITUNG

1 Wasser für die Nudeln aufsetzten, 1 TL Salz und einige Tropfen Olivenöl dazugeben und zum Kochen bringen. Die Pasta darin al dente kochen, dann abgießen und abtropfen lassen.

2 Inzwischen den Lachs in mundgerechte Stücke schneiden. 1/2 EL Olivenöl in einer Pfanne erhitzen und den Fisch für 1–2 Minuten darin anbraten. Dann die Butter hinzugeben und nochmals für 1–2 Minuten braten.

3 Die Sahne zum Lachs geben und das Gemüsebrühepulver einstreuen. Alles gut verrühren. Anschließend mit dem Weißwein ablöschen.

4 Zum Schluss das Tomatenmark gründlich einrühren und die Soße mit Salz und Pfeffer abschmecken. Die Pasta zur Soße geben und alles gut vermengen. Fertig ist das leckere Lachsgericht!

- ◆ 300 ml Sahne

- ◆ 200 g Schmelzkäse

- ◆ 50 g Butter

- ◆ 1/2 TL frisch geriebene Muskatnuss

- ◆ Salz

- ◆ 300 g Maccheroni

- ◆ 150 g Cheddar

- ◆ 150 g Gouda

- ◆ 80 g Parmesan

- ◆ Pfeffer

- ◆ 50 g Paniermehl

- ◆ 30 g Butter

- ◆ Öl für die Auflaufform

AUSSERDEM:

- ◆ Auflaufform (ca. 32 x 20 cm)

ZUBEREITUNG

1 Die Sahne zusammen mit dem Schmelzkäse und 20 g Butter in einem Topf aufkochen. Dann die geriebene Muskatnuss dazugeben und die Soße mit 1 Prise Salz abschmecken. Die Mischung 2 Minuten leicht köcheln lassen.

2 Die Maccheroni in kochendem Salzwasser garen. Da sie später noch im Ofen backen, nicht ganz gar kochen (also etwa 2 Minuten vor Ende der Garzeit herausnehmen, wenn sie noch ordentlich Biss haben)! Den Backofen auf 180 °C Ober-/ Unterhitze vorheizen.

3 Cheddar, Gouda und Parmesan reiben und in einer großen Schüssel miteinander vermischen. Die Nudeln abgießen und sofort in die Schüssel zur Käsemischung geben. Nur wenn die Maccheroni richtig heiß sind, kann der Käse direkt schmelzen. Nun noch die Schmelzkäse-Sahne-Soße über die Nudeln geben und alles gut verrühren.

4 Für das Topping die restliche Butter in einem Topf bei leichter Hitze schmelzen lassen. Dann das Paniermehl dazugeben und alles goldbraun braten. Rühren dabei nicht vergessen!

5 Die Käse-Maccheroni-Mischung in eine gefettete Auflaufform geben und das Topping gleichmäßig darüberstreuen, bis alles bedeckt ist.

6 Die »Mac and Cheese« für etwa 25 Minuten in den vorgeheizten Ofen geben, bis sie schön goldbraun gebacken sind.

CREMIGE
»MAC AND CHEESE«

TIPP

Durch den Schmelzkäse wird der Auflauf einfach ganz besonders cremig.

SPAGHETTI
MIT SAHNE-HACKBÄLLCHEN

TIPP

Ihr könnt die Hackbällchen auch in eine Auflaufform legen, mit Gouda überbacken und dann mit der Tomatensoße über die Pasta geben. Vom Feinsten!

- 1 Zwiebel

- 2 Knoblauchzehen

- 100 g Zucchini

- 1 1/2 EL Olivenöl

- Salz

- Pfeffer

- 500 g Spaghetti

- 200 g gemischtes Hackfleisch

- 1 Ei (Größe M)

- 1 EL Semmelbrösel

- getrockneter Oregano

- 1 EL Pflanzenöl

- 400 g Tomatenstücke
  (aus der Dose)

- 50 ml Sahne

- 1/2 Bund Basilikum

- Zucker

- 50 g Fetakäse

ZUBEREITUNG

1 Die Zwiebel und den Knoblauch schälen und fein würfeln. Die Zucchini putzen und ebenfalls in kleine Würfel schneiden. In einer Pfanne etwa 1 EL Olivenöl erhitzen und die Hälfte von Zwiebel und Knoblauch und die gesamte Menge Zucchini 2 Minuten lang anbraten. Mit Salz und Pfeffer würzen. Anschließend alles etwas abkühlen lassen.

2 Nudelwasser mit 1 TL Salz und ein paar Tropfen Olivenöl zum Kochen bringen. Dann die Nudeln hinzugeben. Das Hackfleisch in einer Schüssel mit der angebratenen Zucchinimischung verrühren. Das Ei und die Semmelbrösel dazugeben und die Hackmasse mit Salz, Pfeffer und Oregano würzen. Alles mit den Händen gut durchkneten und die Masse zu 2 cm großen Bällchen formen.

3 1 EL Pflanzenöl in einer Pfanne erhitzen und die Hackbällchen von allen Seiten darin anbraten. Herausnehmen und in der gleichen Pfanne die restlichen Zwiebelwürfel und den Knoblauch glasig dünsten. Ebenfalls mit Oregano würzen. Die Tomatenstücke, die Sahne sowie die gebratenen Hackbällchen dazugeben und 5 Minuten zugedeckt köcheln lassen. In der Zwischenzeit die Nudeln abgießen und beiseitestellen.

4 Das Basilikum waschen, die Blättchen von den Stielen zupfen, hacken und zu den Hackbällchen geben. Zum Schluss mit Salz, Pfeffer und Zucker abschmecken und vom Herd nehmen. Pasta in einer Schale anrichten und die leckere Hackbällchen-Tomaten-Soße darübergeben. Mit zerbröseltem Fetakäse bestreut servieren.

PASTA POLLO
À LA VASSILI

TIPP

Bratet die Pasta noch ein wenig in Butter an, bevor ihr sie unter die Sahnesoße rührt. Das macht das Ganze noch mal besonders lecker.

- *Salz*

- *5 1/2 EL Olivenöl*

- *250 g Pasta (z. B. Tagliatelle)*

- *250 g Hähnchenbrustfilet*

- *1/2 Bund Frühlingszwiebeln*

- *1/2 Zwiebel*

- *60 g Kirschtomaten*

- *100 ml heiße Gemüsebrühe*

- *200 ml Sahne*

- *200 g Schmelzkäse*

- *Salz*

- *Pfeffer*

- *1 TL edelsüßes Paprikapulver*

- *1/2 TL Currypulver*

- *1/2 Bund Schnittlauch, in feine Röllchen geschnitten*

ZUBEREITUNG

1 Die Pasta in kochendes Wasser geben und ein wenig Salz und Olivenöl zum Verfeinern hinzugeben. Die Nudeln al dente kochen, dann abgießen und abtropfen lassen.

2 In der Zwischenzeit das Hähnchen in etwa 2 cm dicke Stücke schneiden. Die Frühlingzwiebeln putzen, die Zwiebel schälen. Zusammen mit den Kirschtomaten in feine Würfel schneiden. 5 EL Olivenöl in einer Pfanne erhitzen und die Hähnchenstücke darin scharf anbraten. Dann Tomaten-, Zwiebel- und Frühlingszwiebelstücke dazugeben und alles weitere 2–3 Minuten braten.

3 Die Brühe, die Sahne und den Schmelzkäse hinzugeben. Leicht unterrühren und mit Salz, Pfeffer und Paprikapulver würzen. Zum Schluss mit Currypulver abschmecken und die Soße 3–4 Minuten köcheln lassen. Die Petersilie waschen, die Blätter von den Stielen zupfen und hacken.

4 Die fertig gekochte Pasta in die Sahnesoße geben und vorsichtig unterrühren. Den gehackten Schnittlauch darüberstreuen.

- Salz

- Olivenöl

- 200 g Spaghetti

- 1 Bund frische Petersilie

- 1/2 Zwiebel

- 2 Knoblauchzehen

- 100 g Kirschtomaten

- 1 Prise Zucker

- 1 frische Chilischote

- 600 g Muscheln (TK, aufgetaut)

- 2 EL Weißwein

- 1 EL Tomatenmark

- Pfeffer

ZUBEREITUNG

1 In einem großen Topf Wasser für die Nudeln zum Kochen bringen und mit 1 TL Salz und einigen Tropfen Olivenöl verfeinern. Die Pasta al dente kochen. Die Petersilie waschen, Blättchen von den Stielen zupfen und fein hacken. Zur Seite stellen.

2 Die Zwiebel und den Knoblauch schälen und in feine Würfel schneiden. Die Kirschtomaten halbieren. 1 EL Olivenöl in einen Topf geben und die Zwiebel zusammen mit dem Knoblauch und den Kirschtomaten darin anschwitzen. Alles mit 1 Prise Zucker karamellisieren.

3 Die Chilischote putzen, von den Kernen befreien und klein schneiden (dabei am besten Gummihandschuhe tragen, damit die Schärfe nicht an die Hände und dann vielleicht in die Augen gelangt). In die Pfanne zu den Zwiebeln und dem Knoblauch geben. Die Muscheln waschen (offene Muscheln aussortieren, sie sind verdorben), ebenfalls hinzugeben und alles 2 Minuten anbraten. Mit Weißwein ablöschen und 1 Minute köcheln lassen. Die Muscheln herausnehmen (Muscheln, die jetzt noch geschlossen sind, ebenfalls entfernen, da sie schlecht sind), kurz beiseitestellen. Das Tomatenmark sowie die Hälft der gehackten Petersilie in die Pfanne geben und alles erneut für 2 Minuten köcheln lassen.

4 Die Muscheln wieder in die Pfanne geben, noch einmal etwas Olivenöl darübergießen und die Soße abgedeckt für 2 Minuten köcheln lassen.

5 Die abgetropften Spaghetti in eine Schüssel geben und vorsichtig mit der Muschel-Tomaten-Soße mischen. Zum Anrichten die restliche Petersilie großzügig über die Pasta streuen und fertig ist das leckere Pasta-Gericht.

SPAGHETTI
MIT PETERSILIEN-TOMATEN UND MUSCHELN

TIPP

Als Extra gebe ich gerne 1 Spritzer Zitrone über meine Muschel-Pasta. So bekommt sie noch mal ein extra Aroma.

PASTA
MIT SCAMPI
UND KIRSCHTOMATEN

TIPP

Verwendet zum Ablöschen der Scampi einen Schuss trockenen Weißwein. Das gibt ein extra Aroma vom Feinsten. Als Dekoration passen hervorragend klein gehackte Chilis auf die Nudeln.

- ◆ *200 g Pasta (z. B. dünne Spaghetti)*

- ◆ *3 Knoblauchzehen*

- ◆ *100 g Kirschtomaten*

- ◆ *1/2 Bund frische Petersilie*

- ◆ *225 g geschälte Scampi oder Garnelen (TK, aufgetaut)*

- ◆ *1 EL Olivenöl*

- ◆ *3 Zweige Thymian*

- ◆ *Salz*

- ◆ *Pfeffer*

- ◆ *Chilipulver*

- ◆ *Saft von 1/2 Zitrone*

FÜR 2 PORTIONEN

ZUBEREITUNG

1 Reichlich Salzwasser zum Kochen bringen und die Spaghetti darin garen, bis sie al dente sind. Nach dem Abgießen ungefähr 100 ml von dem Nudelkochwasser beiseitestellen.

2 Den Knoblauch schälen und klein schneiden. Die Kirschtomaten waschen und halbieren. Die Petersilie waschen, die Blättchen abzupfen und fein hacken.

3 Die Scampi trocken tupfen und mit 1 EL Olivenöl in einer Pfanne für 2 Minuten anbraten. Dann erst den Thymian dazugeben, danach den Knoblauch und die halbierten Kirschtomaten. Alles mit Salz, Pfeffer und Chili würzen und abschließend mit dem Zitronensaft ablöschen.

4 Die Spaghetti in die Pfanne zu den Scampi geben. Sofort das beiseitegestellte Nudelwasser und die gehackte Petersilie dazugeben, alles gut verrühren und für 2 Minuten braten lassen. Fertig ist die leckere Pasta!

Der Geschmack von einem frisch gebratenen
Steak, ob aus der Pfanne oder vom Grill,
ist einfach einzigartig. Wenn man die passende
Beilage dazu noch selbst zubereitet hat, wird es
erst recht zum Erlebnis. Einfach vom Feinsten!

FLEISCH

& BEILAGEN

FILET**STEAK**
MIT PFEFFERBUTTER

TIPP

Ich gebe gerne noch ein wenig Chili in die Butter – so bekommt das Ganze einen Hauch von Schärfe.

- 80 g weiche Butter

- 2 Knoblauchzehen

- 1 TL edelsüßes Paprikapulver

- 1 Prise Steakpfeffer

- 1 TL Zitronensaft

- 1/2 TL Pfeffer

- 1/2 TL Meersalz

- 1 EL Pflanzenöl

- 2 Rinderfiletsteaks (à 180 g, mindestens fingerdick)

FÜR 2 PORTIONEN

ZUBEREITUNG

1 Die Butter in eine Schüssel geben, die Knoblauchzehen schälen und dazupressen. Paprikapulver, Steakpfeffer, Zitronensaft, Pfeffer und Meersalz hinzufügen und alles gründlich vermischen.

2 In einer Pfanne das Pflanzenöl erhitzen und die Filetsteaks bei mittlerer Hitze von jeder Seite ca. 2 1/2 Minuten medium anbraten.

3 Die Steaks herausnehmen und auf Teller verteilen. Sofort jeweils 1 EL der Pfefferbutter daraufsetzen, sodass diese auf dem heißen Steak schmilzt – einfach vom Feinsten.

- 2 Zwiebeln

- 2 EL Pflanzenöl

- Meersalz

- 1 1/2 TL edelsüßes Paprikapulver

- 1/2 TL Zucker

- 2 Knoblauchzehen

- 2 Rinderhüftsteaks (à 200 g)

- Pfeffer

- Rosmarin zum Garnieren

FÜR 2 PORTIONEN

ZUBEREITUNG

1 Die Zwiebeln schälen, einmal halbieren und in dicke Scheiben schneiden. 1 EL Pflanzenöl in einer Pfanne erhitzen, die Zwiebelringe hineingeben und goldbraun anbraten. 1 Prise Meersalz, das Paprikapulver und den Zucker dazugeben, umrühren und das Ganze noch mal 1 Minute bei mittlerer Hitze braten.

2 In einer zweiten Pfanne das restliche Pflanzenöl erhitzen, die Knoblauchzehen schälen und mit hineingeben. Kurz anschmoren, dann die Steaks in die Pfanne geben. Für medium gebratenes Fleisch die Steaks von jeder Seite etwa 2 1/2 Minuten braten.

3 Die Steaks auf Tellern anrichten, mit je 1 Prise Pfeffer und Meersalz bestreuen und die gerösteten Zwiebeln darüber verteilen. Fürs Auge kann man gerne noch mit etwas Rosmarin dekorieren.

HÜFTSTEAK
MIT GERÖSTETEN ZWIEBELN

TIPP

Das fertige Steak schneide ich mir gern in dünne Scheiben und gebe dann die gerösteten Zwiebeln mit dem Sud darüber. So ist der Geschmack der gebratenen Zwiebeln in Kombination mit dem Fleischsaft besonders intensiv – vom Feinsten.

PUTENBRUST
AUF GEBRATENEM GEMÜSE

TIPP

Ich überbacke die Putenbrust gerne noch mit Käse. Dafür reibe ich ein wenig Käse auf die fertige Putenbrust und gebe sie bei 250 °C Ober-/Unterhitze für 1 Minute in den Ofen.

- 1 Zucchini
- 1 rote Paprikaschote
- 1 rote Zwiebel
- 1/2 Bund Lauchzwiebeln
- 2 Knoblauchzehen
- 2 EL Pflanzenöl
- 1 EL Weißwein
- 2 Putenbruststeaks (à 200 g)
- edelsüßes Paprikapulver
- Salz
- Pfeffer
- 1 Handvoll Rucola
- 1 TL Olivenöl

FÜR 2 PORTIONEN

ZUBEREITUNG

1 Zucchini, Paprika, Zwiebel und Lauchzwiebeln waschen, putzen, die Zwiebel schälen und alles in mundgerechte Würfel schneiden. Den Knoblauch schälen und klein hacken. 1 EL Pflanzenöl in einer Pfanne erhitzen und das Gemüse zusammen mit dem Knoblauch darin etwa 5 Minuten braten, sodass es gebräunt, aber noch knackig ist. Mit dem Weißwein ablöschen.

2 Die Putenbruststeaks mit Paprikapulver, Salz und Pfeffer würzen und in einer Pfanne im restlichen Pflanzenöl gut durchbraten. Das Gemüse auf 2 Tellern anrichten. Den Rucola waschen, trocken schütteln und über das Gemüse geben. Die gebratenen Putenbruststeaks auf dem Gemüse anrichten und mit ein paar Tropfen Olivenöl beträufeln.

RIB-EYE-STEAK
MIT OREGANO-ZITRONEN-JUICE

TIPP

Bevor ich die Steaks herausnehme, gebe ich noch 1 Prise Oregano in die Pfanne und schwenke die Steaks einmal gut durch – das sorgt für ein extra Aroma vom Feinsten.

- 3 Knoblauchzehen

- 1/2 Bund Lauchzwiebeln

- 4 EL Olivenöl

- Meersalz

- 1 TL getrockneter Oregano

- 1/2 Zitrone

- 2 Rib-Eye-Steaks (à 200 g, fingerdick)

- 1 EL Pflanzenöl

ZUBEREITUNG

1 Knoblauch schälen und hacken, die Lauchzwiebeln putzen und kleinhacken. In einer Schüssel mit dem Olivenöl, 1 Prise Meersalz und Oregano vermischen, die halbe Zitrone hineinpressen und alles gut verrühren.

2 Das Pflanzenöl in einer Pfanne erhitzen und die Steaks darin von jeder Seite etwa 30 Sekunden scharf anbraten. Für medium gebratenes Fleisch die Steaks bei mittlerer Hitze auf jeder Seite noch 1 1/2–2 Minuten weiterbraten. Nach Geschmack kann der Gargrad persönlich angepasst werden.

3 Die fertigen Steaks auf Teller verteilen und mit jeweils 2 EL von dem Oregano-Zitronen-Juice beträufeln.

- 1 EL Pflanzenöl

- 2 Rumpsteaks (à 200 g, fingerdick)

- Meersalz

- Pfeffer

- 2 Zweige Thymian

- 2 Knoblauchzehen

- 2 TL Olivenöl

ZUBEREITUNG

1 Das Öl in einer Pfanne stark erhitzen. Die Steaks darin von jeder Seite ca. 20 Sekunden anbraten. Mit Meersalz und Pfeffer würzen und den Thymian und die Knoblauchzehen (geschält, aber ganz) mit in die Pfanne geben.

2 Für ein medium gebratenes Steak bei mittlerer Hitze von jeder Seite 2 Minuten weiterbraten. Nach Bedarf kann man den Gargrad (rare oder done) persönlich anpassen und das Steak entsprechend etwas früher aus der Pfanne nehmen oder etwas länger braten.

3 Die fertigen Steaks auf Tellern anrichten. Angebratenen Knoblauch und Thymian darübergeben und jedes Steak mit 1 TL Olivenöl beträufeln. Und fertig ist der Klassiker!

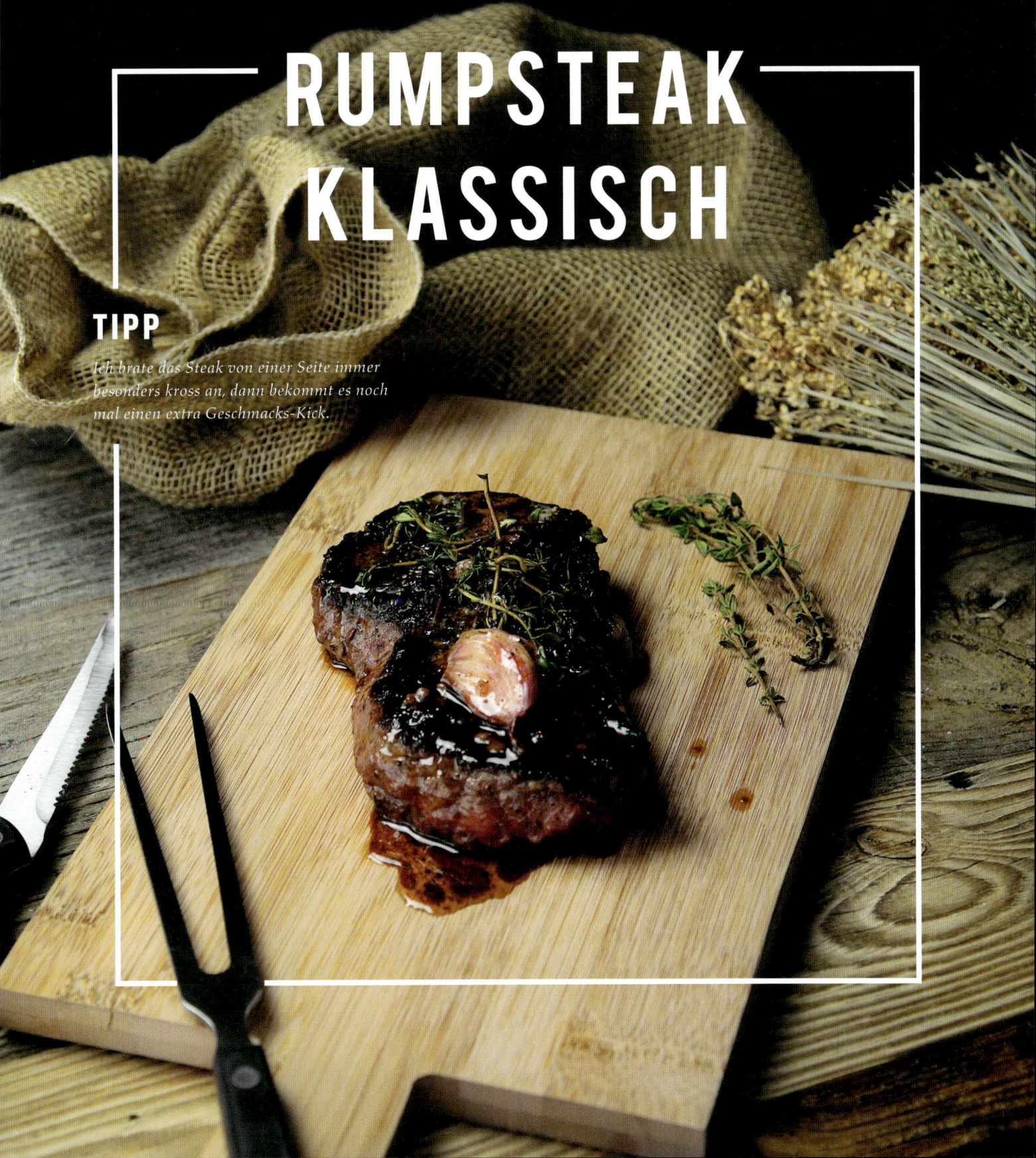

RUMPSTEAK KLASSISCH

TIPP

Ich brate das Steak von einer Seite immer besonders kross an, dann bekommt es noch mal einen extra Geschmacks-Kick.

FOLIEN-KARTOFFEL
MIT HOMEMADE SOUR CREAM

TIPP

Ich nutze die Sour Cream gerne auch als Dip zu einem leckeren Baguette oder zu meinem homemade Kartoffelpüree.

- 2 Big Potatoes (große Kartoffeln)

- 500 g Speisequark (40% Fett)

- 400 g Schmand

- 3 TL TK-Schnittlauch

- 3 TL TK-8-Kräuter

- 2 EL Branntweinessig

- 2 TL Salz, gestrichen

- 1 1 TL Knoblauchgranulat, gestrichen

- 1 TL Zwiebelgranulat

- 1 EL Zitronensaft

AUSSERDEM:

- Alufolie

ZUBEREITUNG

1 Den Backofen auf 250 °C Umluft vorheizen. Die Kartoffeln in Alufolie wickeln, auf ein Blech legen und für etwa 1 Stunde 10 Minuten im Ofen backen.

2 Für die Sour Cream Speisequark und Schmand in eine Schüssel geben. Schnittlauch, Kräutermischung, Branntweinessig, Salz, Knoblauch- sowie Zwiebelgranulat und Zitronensaft dazugeben. Alles gut miteinander verrühren, dann kühl stellen.

3 Nach der Backzeit die Kartoffeln aus dem Ofen holen und auf Teller legen. Oben aufschneiden und etwas auseinanderdrücken. Auf jede Kartoffel einen großzügigen Löffel Sour Cream geben und die übrige Quarkcreme dazu servieren.

FÜR 2 PORTIONEN

KARAMELLISIERTER GRÜNER SPARGEL

TIPP

Ich mag den Spargel auch gern mit einem Spritzer Zitrone oder mit etwas Crema di Balsamico.

- 400 g grüner Spargel

- 2 EL Olivenöl

- Salz

- Pfeffer

- 1–2 TL Zucker

- 25 g Butter

FÜR 2 PORTIONEN

ZUBEREITUNG

1 Den grünen Spargel nur an den Enden schälen. Das Olivenöl in einer Pfanne erhitzen und den Spargel hinzufügen. Mit Salz und Pfeffer würzen.

2 Den Spargel so lange anbraten, bis er Farbe bekommt. Dann 1–2 TL Zucker hinzugeben und den Spargel karamellisieren.

3 Die Butter in einem kleinen Topf schmelzen lassen und über den Spargel träufeln.

- 600 g mehligkochende Kartoffeln

- 125 ml Milch

- 40 g Butter

- Salz

- 1 Prise geriebene Muskatnuss

- 20 g Röstzwiebeln (Fertigprodukt)

- 2 EL frisch gehackte Petersilie

AUSSERDEM:

- Kartoffelstampfer

ZUBEREITUNG

1 Die Kartoffeln schälen, in grobe Stücke schneiden und in kaltem Salzwasser aufkochen. Dann etwa 20 Minuten kochen lassen, bis die Kartoffeln weich sind.

2 Die Milch in einem Topf erhitzen, dann die Butter dazugeben und schmelzen lassen.

3 Die Kartoffeln abgießen und in einem Topf zerstampfen. Wer keinen Kartoffelstampfer hat, nimmt eine Gabel, dann dauert es nur etwas länger. Die warme Milch hinzugeben und alles gut verrühren, bis das Kartoffelpüree cremig ist. Mit Salz und Muskatnuss würzen und die Röstzwiebeln unterrühren. Das Kartoffelpüree mit gehackter Petersilie anrichten.

KARTOFFELPÜREE
MIT RÖSTZWIEBELN UND PETERSILIE

TIPP

Ich benutze auch gerne frische Zwiebeln statt der Röstzwiebeln. Dafür Zwiebelringe in der Pfanne anbraten und mit Zucker karamellisieren.

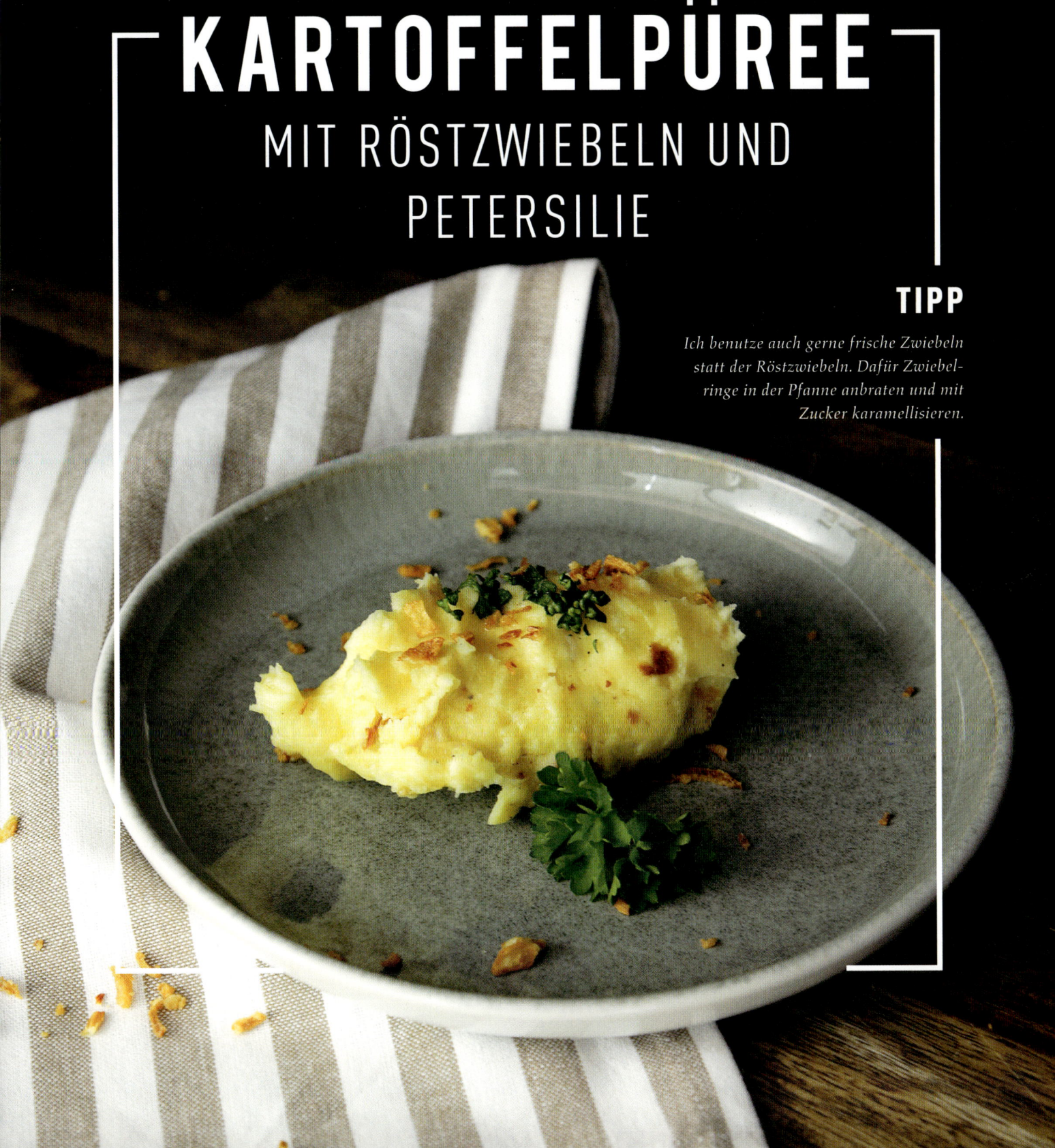

GEBRATENES
PFANNENGEMÜSE

TIPP

Ich persönlich gebe immer etwas mehr Knoblauch hinzu, dann schmeckt es noch besser!

- *1 rote Paprikaschote*
- *1 grüne Paprikaschote*
- *1/2 Zucchini*
- *100 g weiße Champignon-köpfe*
- *2 Knoblauchzehen*
- *50 ml Olivenöl*
- *Salz*
- *Pfeffer*
- *1 TL getrockneter Oregano*
- *Pflanzenöl*

ZUBEREITUNG

1 Paprika und Zucchini waschen und putzen, Champignons putzen und alles in mundgerechte Stücke schneiden. Knoblauch schälen, durch eine Knoblauchpresse drücken und mit dem Olivenöl verrühren. Beiseitestellen.

2 1–2 EL Pflanzenöl in einer Pfanne erhitzen und die Gemüsemischung darin anbraten. Mit reichlich Salz und Pfeffer würzen und goldbraun braten.

3 Manchmal saugen die Zucchini viel Öl auf, dann einfach nach Bedarf noch ein bisschen mehr Öl nachgießen. Zum Schluss 2 EL von dem Knoblauchöl sowie den Oregano hinzugeben und kurz mitbraten. Und fertig ist das Pfannengemüse.

FÜR 4 PORTIONEN

ZITRONEN-KARTOFFELN

TIPP

*Ich presse vor dem Servieren noch mal
extra Zitrone darüber – göttlich!*

- ◆ 700 g festkochende Kartoffeln
- ◆ 200 ml Olivenöl
- ◆ 1 EL getrockneter Oregano
- ◆ 1 TL Salz
- ◆ 50 ml frisch gepresster Zitronensaft
- ◆ 1 Zweig Rosmarin
- ◆ 2 Scheiben Zitrone

AUSSERDEM:

- ◆ Auflaufform

FÜR 4 PORTIONEN

ZUBEREITUNG

1 Die Kartoffeln schälen, waschen und in ca. 4 cm dicke Spalten schneiden. Den Backofen auf 180 °C Umluft vorheizen.

2 Die Kartoffelspalten in eine Auflaufform geben. Olivenöl, Oregano, Salz sowie Zitronensaft hinzufügen und alles gut vermischen.

3 Den Rosmarinzweig und nach Geschmack noch 2 Zitronenscheiben auf die Kartoffeln legen. Im vorgeheizten Ofen 30 Minuten backen. Wichtig: Während die Zitronenkartoffeln im Ofen sind, nicht umrühren!

- 400 g Babyspinat

- 2 Schalotten

- Olivenöl

- Meersalz

- Pfeffer

- 2 TL Knoblauchöl

- 2 TL getrockneter Oregano

- 40 g grob gehackte Walnüsse

- 1 Zitrone

ZUBEREITUNG

1 Den Spinat waschen und trocken schütteln. Die Schalotten schälen und in Spalten schneiden. In einer Pfanne 3 EL Olivenöl erhitzen, den Babyspinat dazugeben und mit Pfeffer und Meersalz würzen. Die Schalottenspalten ebenfalls hinzufügen und alles bei mittlerer Hitze 1–2 Minuten braten, bis der Spinat zusammenfällt.

2 Knoblauchöl, Oregano und Walnüsse hinzugeben und alles noch mal für 30 Sekunden weiterbraten. Zum Servieren Zitronensaft nach Geschmack darüberpressen.

BABYSPINAT
MIT WALNÜSSEN UND OLIVENÖL

TIPP

Ich presse die Zitrone auch schon gerne beim Kochen über dem Spinat aus, dann erhält er ein stärkeres Zitronenaroma.

*Das Aroma eines guten Burgers
hat mich schon immer beeindruckt – und die
Möglichkeiten, leckere Burger zuzubereiten,
sind einfach unendlich.*

BURGER

VASSILIS
BIG-MAC-BURGER

TIPP

Ich überbacke die Burgerbrötchen auch gerne mit Käse. Ich kann euch sagen, das ist der Wahnsinn für jeden Käseliebhaber!

- 1/2 Zwiebel

- 2 EL Mayonnaise

- 4 EL French Dressing
  (Fertigprodukt)

- 1 TL Weißweinessig

- 150 g Gurkenrelish
  (Fertigprodukt)

- 1 Prise Salz

- 1 Prise Zucker

- 1 EL Pflanzenöl

- 4 Rinderpattys à 180 g

- 3 Sesam-Burgerbrötchen

- 1/2 Kopf Eisbergsalat

- 2 Scheiben Cheddar

ZUBEREITUNG

1 Für die Big-Mac-Soße die Zwiebel schälen und in feine Würfel schneiden. Zusammen mit Mayonnaise, French Dressing, Weißweinessig und Gurkenrelish in eine Schüssel geben und alles sehr gründlich verrühren. Mit Salz und Zucker abschmecken.

2 1 EL Pflanzenöl in einer Pfanne erhitzen und die Rinderpattys darin medium (oder ganz nach Wunsch) braten. Währenddessen die Burgerbrötchen im vorgeheizten Backofen bei 200 °C Ober-/Unterhitze etwa 4 Minuten aufbacken.

3 Den Eisbergsalat in dünne Streifen schneiden. Die unteren Hälften der Brötchen mit Big-Mac-Soße bestreichen und mit Eisbergsalat belegen. Jeweils ein Rinderpatty darauflegen, dann eine Brötchenhälfte, wieder Soße, Salat und ein zweites Patty. Mit je einer Scheibe Cheddar abschließen, die Brötchendeckel auflegen und den Burger genießen.

- ◆ 1 EL Pflanzenöl

- ◆ 2 panierte Hähnchenschnitzel
  (à 150 g, aus dem Kühlregal)

- ◆ 2 Ciabatta-Burgerbrötchen

- ◆ 1/2 grüne Paprikaschote

- ◆ 1/2 rote Zwiebel

- ◆ 1/4 Kopf Eisbergsalat

- ◆ 4 EL Mayonnaise

- ◆ 2 Scheiben Cheddar

FÜR 2 PORTIONEN

ZUBEREITUNG

1 Das Pflanzenöl in einer Pfanne erhitzen und die Schnitzel darin etwa 10 Minuten goldbraun braten. Wichtig ist, dass sie wirklich durchgebraten sind, am besten mit mittlerer Hitze arbeiten.

2 Die Burgerbrötchen für 5 Minuten im vorgeheizten Backofen bei 200 °C Ober-/Unterhitze anwärmen. In der Zwischenzeit die Paprika waschen, putzen und in Streifen schneiden. Die Zwiebel schälen und in feine Ringe schneiden. Den Eisbergsalat ebenfalls in Streifen schneiden.

3 Die unteren Hälften der Brötchen mit je 1 EL Mayonnaise bestreichen und mit Eisbergsalat, Schnitzel, Cheddar, 2–3 Paprikastreifen sowie ein paar roten Zwiebelringen belegen. Zuletzt 1 weiterer EL Mayonnaise darauf geben, den Brötchendeckel aufsetzen und etwas andrücken und genießen.

CHICKEN-BURGER

TIPP

Alternativ zu Mayonnaise nehme ich auch gerne warmen Chili-Schmelzkäse – das schmeckt vom Feinsten.

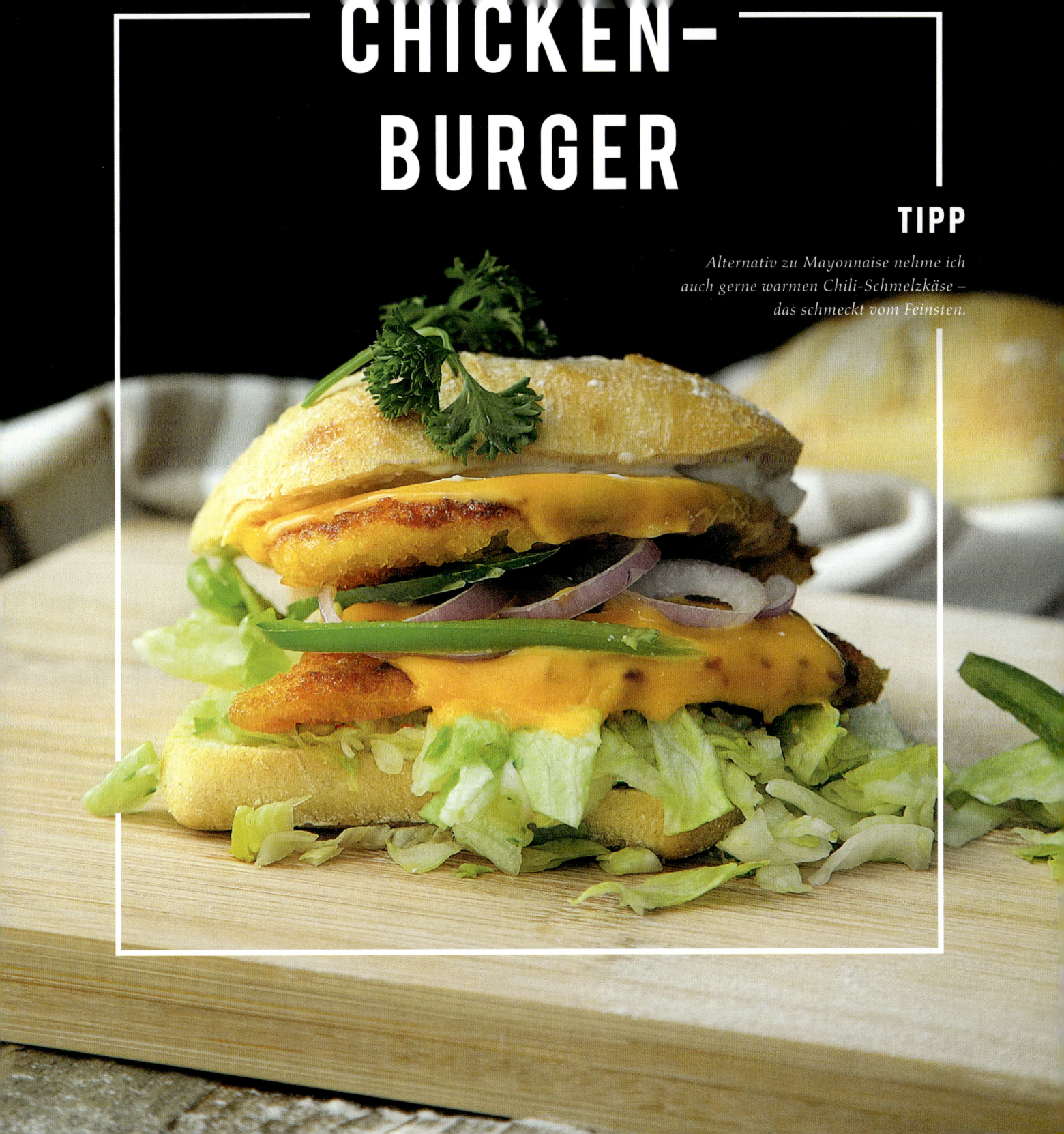

THE SIMPLE CURRY-BURGER

TIPP

Man kann auch noch jeweils 1 EL gekochten Reis auf den Burger häufen – das schmeckt einfach geil.

- 1 EL Pflanzenöl

- 2 panierte Hähnchen-
  schnitzel (à 150 g, aus dem
  Kühlregal)

- 2 Burgerbrötchen

- 1/4 rote Zwiebel

- 1/4 Bund Lauchzwiebeln

- 20 g Butter

- 100 ml Sahne

- 200 g Schmelzkäse

- 2 TL Currypulver

- 1 TL edelsüßes Paprikapulver

- Salz

- Pfeffer

- 1/4 Kopf Eisbergsalat

- 2 Tomatenscheiben

ZUBEREITUNG

1 Das Pflanzenöl in einer Pfanne erhitzen und die Schnitzel darin etwa 10 Minuten goldbraun braten. Wichtig ist, dass sie wirklich durchgebraten sind, am besten mit mittlerer Hitze arbeiten.

2 Die Burgerbrötchen für 5 Minuten im vorgeheizten Backofen bei 200 °C Ober-/Unterhitze anwärmen. Währenddessen die Zwiebel schälen und klein würfeln, die Lauchzwiebeln putzen und ebenfalls in Würfel schneiden.

3 Die Butter bei mittlerer Hitze in einem kleinen Topf schmelzen lassen. Zwiebel- und Lauchzwiebelwürfel darin goldbraun anschmoren. Sahne hinzugeben, erhitzen und wenn es köchelt, den Schmelzkäse, das Currypulver sowie das Paprikapulver einrühren und alles für 2 Minuten köcheln lassen. Mit Salz und Pfeffer abschmecken.

4 Die Hähnchenschnitzel in die Currysoße geben. Den Eisbergsalat in dünne Streifen schneiden. Die unteren Hälften der Burgerbrötchen mit je 1 TL Currysoße bestreichen, dann einige Salatstreifen darauflegen. Mit den Hähnchenschnitzeln und Tomatenscheiben belegen und mit 1 weiterer TL Currysoße und den Brötchenoberhälften abschließen. Sollte noch etwas von der Soße übrig sein, einfach als Dip dazu servieren.

DÖNER-BURGER

TIPP

Ich esse den Burger auch sehr gerne mit meiner homemade Zaziki-Creme (S. 128). Das kann ich euch nur empfehlen.

- 600 g gewürzte Hähnchen-keulen

- 1 rote Paprikaschote

- 1 grüne Paprikaschote

- 1 rote Zwiebel

- 2 TL Mayonnaise

- 6 EL Kräuterdressing (Fertigprodukt)

- 1/2 Zitrone

- Pfeffer

- 2 TL Pflanzenöl

- Salz

- 1 TL getrockneter Oregano

- 1 TL edelsüßes Paprikapulver

- 2 Ciabatta-Burgerbrötchen

- 4 Blätter Lollo Bionda

- 1 Tomate

FÜR 2 PORTIONEN

ZUBEREITUNG

1 Den Backofen auf 200 °C Ober-/Unterhitze vorheizen. Die Hähnchenkeulen auf ein mit Backpapier belegtes Blech legen und 50 Minuten im Ofen backen. In der Zwischenzeit die Paprikaschoten waschen, putzen und in kleine Würfel schneiden. Die Zwiebel schälen und die Hälfte davon fein hacken, die andere Hälfte beiseitelegen.

2 Mayonnaise und Kräuterdressing in eine Schüssel geben und die halbe Zitrone dazupressen. Gut durchrühren und mit ein wenig Pfeffer abschmecken.

3 Die Hähnchenkeulen aus dem Ofen holen und etwas abküh-len lassen. Dann das Fleisch von den Knochen zupfen. Das Pflanzenöl in einer Pfanne erhitzen und die Gemüsewürfel darin goldbraun anbraten. Das zerpflückte Hähnchenfleisch dazu-geben und unterrühren. Mit Oregano, Paprikapulver, Salz und Pfeffer würzen.

4 Die Burgerbrötchen aufschneiden. Die Salatblätter in mundgerechte Stücke zupfen und die unteren Hälften der Brötchen damit belegen. Die Kräutermayonnaise darauf-träufeln, dann die leckere Hähnchen-Gemüse-Mischung darübergeben. Die Tomate in vier dicke Scheiben schneiden, die restliche halbe Zwiebel in Ringe. Beides auf den Döner-Burgern verteilen. Mit je 1 EL Kräutermayonnaise und den Brötchenoberhälften abschließen.

- 1 EL Pflanzenöl
- 2 Rinderpattys (à 200 g)
- 2 Burgerbrötchen
- 1/2 Zwiebel
- 100 g Frischkäse
- 4 Blätter Lollo Bionda
- 2 Scheiben Mozzarella
- 2 Scheiben Cheddar
- 2 Scheiben Gouda
- Ketchup

FÜR 2 PORTIONEN

ZUBEREITUNG

1 Eine Pfanne vorheizen, das Pflanzenöl hineingeben und die Rinderpattys darin medium anbraten. Die Burgerbrötchen im Ofen bei 200 °C Ober-/Unterhitze für 2 Minuten backen. Die Zwiebel schälen, sehr fein hacken und zur Seite stellen.

2 Die Burgerbrötchen aufschneiden und die unteren Hälften dick mit Frischkäse bestreichen. Dann jeweils 2 Blätter Salat drauflegen, je 1 Scheibe Mozzarella und 1 Rinderpatty. Darüber 1 Scheibe Cheddar und Gouda. Mit jeweils 1 TL Ketchup bestreichen und mit der Hälfte der Zwiebelwürfel bestreuen. Die Brötchendeckel drauflegen und fertig sind die Cheese-Monster-Burger.

FOUR-CHEESE-BURGER

TIPP

Es ist auch sehr spannend, diesen Burger mit Käsesorten auszuprobieren, die man noch nicht kennt. Ich kann euch sagen, das ist definitiv eine Experience!

GREEK BURGER

TIPP

Die Fetacreme kann man vorher auch kurz im Ofen backen und dann auf die Burger geben – das sorgt für einen einzigartigen Geschmack.

- ◆ 1/2 rote Zwiebel
- ◆ 1/2 grüne Paprikaschote
- ◆ 150 g Fetakäse
- ◆ 50 g Frischkäse
- ◆ 2 TL Olivenöl
- ◆ 1 TL getrockneter Oregano
- ◆ Pfeffer
- ◆ 1 TL Pflanzenöl
- ◆ 2 Rinderpattys (à 200 g)
- ◆ 2 Ciabatta-Burgerbrötchen
- ◆ 4 Blätter Römersalat
- ◆ 4 Scheiben Gurke

FÜR 2 PORTIONEN

ZUBEREITUNG

1 Die Zwiebel schälen und in dünne Ringe schneiden. Die Paprika putzen, waschen und in feine Streifen schneiden. Den Feta zerbröseln und in einer Schüssel mit Frischkäse, Olivenöl, Oregano und 1 Prise Pfeffer gut verrühren.

2 Das Pflanzenöl in einer Pfanne erhitzen und die Rinderpattys darin medium (oder nach Geschmack auch rare oder done) braten. Die Pattys aus der Pfanne nehmen, das Öl wegkippen. Die Burgerbrötchen aufschneiden und die Innenseiten in der Patty-Pfanne goldbraun anrösten.

3 Die unteren Hälften der Burgerbrötchen mit der Fetacreme bestreichen. Dann mit jeweils zwei Salatblättern und einem Rinderpatty belegen. Wieder je 1 EL Fetacreme daraufstreichen, mit Gurkenscheiben, Paprikastreifen und Zwiebelringen bedecken und zuletzt die Brötchendeckel aufsetzen.

KLASSISCHER CHEESEBURGER

TIPP

Ich vermische den Ketchup auch gerne mit ein wenig Mayonnaise. Das kann ich euch nur empfehlen, als Kind war dieser Cheeseburger einer meiner Lieblings-Burger.

- *2 Burgerbrötchen*
- *20 g Butter*
- *1 EL Pflanzenöl*
- *2 Rinderpattys (à 200 g)*
- *2 Scheiben Cheddar*
- *1 Zwiebel*
- *Ketchup*
- *4 Blätter Lollo Bionda*

FÜR 2 PORTIONEN

ZUBEREITUNG

1 Die Burgerbrötchen aufschneiden und beide Innenseiten mit Butter bestreichen. Offen in den vorgeheizten Ofen legen und bei 200 °C Ober-/Unterhitze für 2 Minuten knusprig backen.

2 Eine Pfanne erhitzen, das Pflanzenöl hineingeben und die Rinderpattys darin medium (oder nach Wunsch) braten. Kurz vor Ende der Bratzeit jeweils 1 Scheibe Cheddar auf die Pattys geben, einen Deckel auf die Pfanne legen und den Käse schmelzen lassen. Das dauert etwa 30 Sekunden. Die Pattys aus der Pfanne nehmen.

3 Die Zwiebel schälen, in Ringe schneiden und in der eben benutzen Pfanne anbraten. Die unteren Hälften der Brötchen mit Ketchup bestreichen, leicht salzen und pfeffern und mit Salatblättern belegen. Die Rinderpattys darauflegen. Noch mal 1 Klecks Ketchup daraufgeben und die gebratenen Zwiebelringe auf den Burgern verteilen.

ZUBEREITUNG

1 Die Burgerbrötchen für 5 Minuten im vorgeheizten Ofen bei 200 °C Ober-Unterhitze anwärmen. Währenddessen die Tomate waschen und in kleine Würfel schneiden. Die Zwiebel schälen und ebenfalls klein würfeln. Beides in einer Schale mit dem Olivenöl vermischen und mit Salz und Pfeffer abschmecken.

2 Eine Pfanne erhitzen und 1 TL Pflanzenöl hineingeben. Die Rinderpattys darin von jeder Seite 2 Minuten braten oder auch etwas länger, wenn sie ganz durch sein sollen. Kurz vor Ende der Bratzeit jeweils eine Scheibe Mozzarella und eine Scheibe Cheddar auf die Pattys legen und die Pfanne mit einem Deckel abdecken. Für 30 Sekunden auf dem Herd lassen, sodass der Käse schmilzt.

3 Die unteren Hälften der angewärmten Brötchen mit Ketchup bestreichen und mit je zwei Salatblättern belegen. Die Pattys darauflegen und je 1 EL der Tomaten-Zwiebel-Mischung daraufgeben. Mit je 1 Prise Oregano und frisch gemahlenem Pfeffer würzen und mit Basilikum bestreuen. Dazu passen toll die homemade Pommes von S. 124.

PIZZA-BURGER

TIPP

Ihr könnt die unteren Hälften der Burgerbrötchen auch mit Tomatensoße bestreichen, mit getrocknetem Oregano, Salz und Pfeffer würzen und geriebenen Käse darüberstreuen. Für 10 Minuten bei 240 °C Ober-/Unterhitze im Ofen überbacken und dann noch nach Wunsch belegen.

DER LEGENDÄRE SUCUK-BURGER

TIPP

Ich mische auch gerne 1 Handvoll Reibekäse unter die Rinderhack-Sucuk-Mischung – genial!

- 1/2 Bund Petersilie

- 3 EL Senf

- 5 EL Mayonnaise

- Saft von 1/2 Zitrone

- 1/2 TL getrockneter Oregano

- Pfeffer

- 1 1/2 TL edelsüßes Paprikapulver

- 1 rote Zwiebel

- 50 g Sucuk (kräftig gewürzte Knoblauchwurst)

- 400 g Rinderhackfleisch

- 2 TL Olivenöl

- 1/2 TL Salz

- 1 TL Pflanzenöl

- 2 Scheiben Cheddar

- 2 Scheiben Toastbrot

- 10 g Kräuterbutter

- 1 Tomate

- 2 Burgerbrötchen

- 4 Blätter Lollo Bionda

FÜR 2 PORTIONEN

ZUBEREITUNG

1 Zuerst die Soße zubereiten. Dafür die Petersilie waschen, die Blätter von den Stielen zupfen und hacken. Zusammen mit Senf, Mayonnaise, Zitronensaft, Oregano, 1 Prise Pfeffer und 1/2 TL Paprikapulver in einer Schüssel gut vermischen. Beiseitestellen.

2 Die Zwiebel schälen und eine Hälfte klein würfeln. Die andere Hälfte beiseitelegen. Die Sucuk ebenfalls in kleine Stücke schneiden. Das Hackfleisch in eine Schüssel geben und gut mit den Zwiebelwürfeln, der Sucuk und dem Olivenöl vermischen. Mit Salz, 1 TL Paprikapulver und 1 Prise Pfeffer würzen. Aus der Hackfleischmasse zwei Pattys formen.

3 Eine Pfanne auf dem Herd vorheizen, das Pflanzenöl hineingeben und die Pattys darin auf mittlerer Stufe von jeder Seite etwa 2 Minuten braten. Kurz bevor die Pattys fertig sind, jeweils einer Scheibe Cheddar darauflegen und für etwa 30 Sekunden schmelzen lassen.

4 Die Toastbrotscheiben mit Kräuterbutter bestreichen und in einer Pfanne kurz goldbraun braten. Die beiseitegelegte Zwiebelhälfte in Ringe schneiden, die Tomate waschen und in dicke Scheiben schneiden.

5 Die Burgerbrötchen aufschneiden und die unteren Hälften mit jeweils 1 EL Soße bestreichen. Dann mit jeweils zwei Salatblättern, einem Patty und einer Toastscheibe belegen, darauf noch 1 EL Soße klecksen und mit ein paar Zwiebelringen und zwei Tomatenscheiben abschließen. Mit der oberen Brötchenhälfte abdecken und servieren.

*Wenn ich griechische Gerichte
von meiner Oma koche, erinnert mich das
sofort an meine Heimat und an meine Kindheit.
Bei Oma schmeckt's einfach am besten!*

GREEK

HOMEMADE BIFTEKI

TIPP

Es gibt viele Möglichkeiten, die Bifteki zu füllen. Alternativ zu Feta fülle ich sie gerne auch mit Gouda oder Cheddar.

- 1 Zwiebel

- 1 Knoblauchzehe

- 400 g Rinderhackfleisch

- 1 Ei

- 2 EL Semmelbrösel

- 4 EL gehackte Petersilie

- 3 TL rosenscharfes
  Paprikapulver

- 2 TL getrockneter Oregano

- 2 TL Meersalz

- 1 TL Pfeffer

- 100 g Fetakäse

- Pflanzenöl

ZUBEREITUNG

1 Zwiebel und Knoblauch schälen und sehr fein hacken. Mit dem Hackfleisch in eine große Schüssel geben. Das Ei, die Semmelbrösel und die gehackte Petersilie hinzufügen und die Gewürze dazugeben. Alles ordentlich verkneten.

2 Den Feta in grobe Würfel schneiden. Eine Arbeitsfläche mit Frischhaltefolie auslegen. Die Fleischmasse in acht gleich große Portionen teilen und zu Kugeln formen. Jeweils zwei davon werden für ein Bifteki benötigt. Die Kugeln ganz flach auf die Frischhaltefolie drücken. Auf die Mitte des einen Fleischfladens kommt 1/4 des gewürfelten Fetas. Dann einen zweiten Fleischfladen auf den ersten legen und die Ränder zusammendrücken. Schließlich soll der Käse später nicht auslaufen.

3 Das Ganze so formen, dass es wie eine normale Frikadelle aussieht. Diesen Vorgang mit den restlichen Zutaten wiederholen, sodass ihr am Ende vier gefüllte Bifteki habt. Eine Pfanne oder einen Grillrost mit Öl bepinseln und die Bifteki von beiden Seiten jeweils 5 Minuten grillen.

CREMIGES KÄSEGRATIN

TIPP

Was ich euch noch empfehlen kann: Gebt zusätzlich Brokkoliröschen dazu und lasst das Gratin ein wenig länger im Ofen – so ist es eines meiner Lieblingsgerichte und macht auch als Beilage viel her.

- *300 g mehligkochende Kartoffeln*
- *Salz*
- *Pfeffer*
- *150 g geriebener Gouda*
- *120 ml Sahne*
- *150 g Schmelzkäse*
- *1 TL geriebene Muskatnuss*
- *1 TL getrocknete Kräuter der Provence*
- *1 Knoblauchzehe*
- *20 g Butter*
- *Öl für die Auflaufform*

AUSSERDEM:

- *Auflaufform*

FÜR 2 PORTIONEN

ZUBEREITUNG

1 Die rohen Kartoffeln schälen und anschließend in feine Scheiben von 1–3 mm Dicke schneiden. Mit einem V-Hobel oder einer Küchenmaschine geht das besonders gut, das kann ich euch nur empfehlen für gleichmäßige Scheiben.

2 Eine für das Kartoffelgratin ausreichend große Auflaufform mit Öl ausstreichen. Die Kartoffelscheiben in die Auflaufform schichten, dabei immer wieder mit etwas Salz, Pfeffer und reichlich geriebenem Gouda (insgesamt 100 g) bestreuen, bis alle Kartoffeln aufgebraucht sind.

3 Sahne, Schmelzkäse, Muskat und Kräuter der Provence in einen Topf geben, die Knoblauchzehe dazupressen und alles verrühren. Erhitzen, für etwa 3 Minuten köcheln lassen, dann über die vorbereiteten Kartoffeln gießen. Den Auflauf mit dem restlichen Gouda bestreuen, die Butter in kleinen Stückchen daraufsetzen und das Kartoffelgratin auf einem Rost in den kalten Backofen stellen.

4 Den Ofen auf 180 °C Ober-/Unterhitze heizen und den Kartoffelauflauf darin 50–60 Minuten (je nach Dicke der Kartoffelschicht auch etwas kürzer) goldbraun backen. Am besten zum Ende der Backzeit hin am Rand des Gratins probieren, ob die Kartoffeln schon weich sind. Sollte die obere Kruste vorzeitig braun werden, die Auflaufform für die letzten 15–20 Minuten mit einem Stück Alufolie abdecken.

- ◆ *90 g Paniermehl*
- ◆ *90 g Mehl*
- ◆ *1 Ei*
- ◆ *200 g Feta*
- ◆ *2 TL Honig*
- ◆ *80 ml Rapsöl*
- ◆ *10 g Sesam*

ZUBEREITUNG

1 Paniermehl, Mehl und das Ei einzeln auf flache Teller verteilen. Das Ei mit einer Gabel verschlagen.

2 Den Feta in zwei Stücke von jeweils 100 g schneiden und zuerst im Mehl wenden, dann im verquirlten Ei und zum Schluss im Paniermehl. Darauf achten, dass die Käsestücke jeweils komplett bedeckt sind von der Zutat. Das Paniermehl dann etwas an den Fetascheiben festdrücken.

3 Das Rapsöl in einer Pfanne erhitzen und die Fetastücke darin 1–2 Minuten anbraten. Am besten mit mittlerer Temperatur arbeiten, damit die Panade goldbraun wird und der Feta innen schön schmilzt.

4 Den gebratenen Feta aus der Pfane nehmen, auf zwei Teller geben und jeweils mit 1 TL Honig beträufeln. Den Sesam großzügig darüberstreuen und fertig ist der leckere Saganaki.

FÜR 2 PORTIONEN

PANIERTER FETA

(SAGANAKI)

TIPP

Ich gebe vor dem Servieren gerne noch 1 Spritzer Zitrone auf den panierten Feta.

GRIECHISCHER BAUERNSALAT
MIT OLIVENÖL

TIPP

Bei diesem Salat bleibt am Ende eigentlich immer noch etwas von dem leckeren Dressing in der Schüssel übrig. Das kann man gut mit frischem Weißbrot oder Knoblauchbrot essen – bei mir ein Klassiker. Probiert es aus, es ist so lecker. Erst recht an warmen Sommertagen.

- ◆ 2 rote Zwiebeln
- ◆ 1/2 Salatgurke
- ◆ 2 Tomaten
- ◆ 1 Römersalatherz
- ◆ 150 g Fetakäse
- ◆ 80 ml Weißweinessig
- ◆ 2 EL Zitronensaft
- ◆ Salz
- ◆ Pfeffer
- ◆ 1 TL getrockneter Oregano
- ◆ Zucker
- ◆ 4 EL Olivenöl
- ◆ 50 g schwarze Oliven ohne Kern
- ◆ evtl. 100 g griechische Pfefferonen

FÜR 2 PORTIONEN

ZUBEREITUNG

1 Zwiebeln schälen und in dünne Ringe schneiden. Gurke, Tomaten und Salat waschen, putzen und in grobe Stücke schneiden bzw. zupfen. Den Feta in Würfel oder Dreiecke schneiden.

2 Aus Essig, Zitronensaft, Salz, Pfeffer, Oregano und Zucker eine Vinaigrette rühren. Anschließend das Öl hinzugeben und gut unterquirlen.

3 Das klein geschnittene Gemüse und den Schafskäse in einer Salatschüssel miteinander vermengen. Dann die Oliven auf den Salat geben. Wer es besonders würzig mag, gibt zusätzlich 100 g griechische Pfefferonen dazu. Zum Schluss die Vinaigrette über den Salat träufeln und mit Pfeffer würzen. Fertig ist der griechische Salat – wie von Oma in meinem griechischen Heimatdorf zubereitet!

HOMEMADE PITA

TIPP

*Das Pita-Brot fülle ich auch gerne
mit Salat und Zaziki oder homemade
Sour Cream (S. 128 bzw. S. 80).*

- 75 ml lauwarme Milch

- 75 ml lauwarmes Wasser

- 1/2 Päckchen Trockenhefe

- 1 TL Zucker

- 250 g Mehl

- 1 TL Pflanzenöl

- 1 TL Salz

- etwa 2 EL Olivenöl

- 1 EL schwarzer Sesam

- 1 Prise getrockneter Oregano

ZUBEREITUNG

1 Milch, Wasser, Hefe und Zucker verrühren, bis sich Zucker und Hefe aufgelöst haben. Das Mehl in eine Schüssel geben. Öl, Salz und Hefe-Gemisch zugeben und alles gut verkneten. Aus dem Teig eine Kugel formen. Die Hände mit etwas Olivenöl beträufeln, den Teig damit einreiben und wieder in die Schüssel legen. Die Schüssel gut abdecken und den Teig an einem warmen Ort mindestens 90 Minuten gehen lassen. Sein Volumen soll sich verdoppeln.

2 Den Ofen auf 230 °C Ober-/Unterhitze vorheizen. Zwei Bleche mit Backpapier belegen. Den Teig nach dem Gehen noch einmal kurz durchkneten, dann daraus fünf Kugeln formen. Die Kugeln 5–6 mm dünn zu einem Kreis mit etwa 13 cm Durchmesser ausrollen. Wenn ihr kleinere Pita-Brote mögt, könnt ihr einfach mehr und dafür kleinere Kugeln ausrollen.

3 Die Fladen auf die Bleche legen und mehrmals mit einer Gabel einstechen (das verhindert, dass sie zu sehr aufgehen). Leicht mit Olivenöl einpinseln und mit Salz, etwas schwarzem Sesam sowie Oregano bestreuen. Etwa 8 Minuten im heißen Ofen backen; sie sollen fast keine Farbe kriegen.

4 Die Pita-Brote aus dem Ofen holen und leicht abkühlen lassen. Vor dem Servieren noch einmal auf beiden Seiten ganz leicht mit den Händen mit Olivenöl einölen, in eine nicht allzu heiße Pfanne legen und von beiden Seiten nachrösten, bis sie die typischen braunen Stellen bekommen und außen ganz leicht kross sind (wenn dabei etwas Sesam abfällt, ist das normal).

FÜR 5 STÜCK

- *400 g festkochende Kartoffeln*

- *200 ml Pflanzenöl*

- *Salz*

- *getrockneter Oregano*

ZUBEREITUNG

1 Die Kartoffeln schälen und erst in Scheiben von einer halben Fingerbreite, dann die Scheiben in fingerdicke Stifte schneiden. Das Öl in einer Pfanne stark erhitzen. Die Kartoffelstifte erst hineingeben, wenn das Öl wirklich heiß ist. Mein Tipp: Einfach einen Zahnstocher oder den Stiel eines Holzkochlöffels reinhalten – wenn das Öl Bläschen darum bildet, hat es die perfekte Temperatur.

2 Die Pommes 8–12 Minuten frittieren, bis sie innen gar und außen schön knusprig sind. Die Pommes auf Küchenkrepp abtropfen lassen und nach Geschmack mit Salz und Oregano würzen.

HOMEMADE POMMES
GRIECHISCHER ART

TIPP

Die Pommes sind schnell zubereitet, passen super zum Bauernsalat und man hat in kürzester Zeit eine kleine leckere Mahlzeit gezaubert. Ich gebe auch noch gerne griechischen geriebenen Hartkäse (z. B. Kefalotyri oder Graviera) darauf.

SOUVLAKI-SPIESSE

TIPP

Die Souvlaki-Spieße kann ich euch in Kombination mit dem Pita-Brot und dem homemade Zaziki empfehlen – noch ein wenig Salat und Zwiebel und ihr habt eine originale Pita wie aus meinem Heimatdorf.

- ◆ 300 g Schweinenackensteak

- ◆ 5 EL Olivenöl

- ◆ 1/2 Limette

- ◆ 2 Knoblauchzehen

- ◆ 2 TL getrockneter Oregano

- ◆ 1 TL edelsüßes Paprikapulver

- ◆ Salz

- ◆ 2 EL Pflanzenöl

- ◆ 1/2 Zitrone

AUSSERDEM:

- ◆ 2 Holz- oder Metallspieße

FÜR 2 PORTIONEN

ZUBEREITUNG

1 Das Schweinenackensteak in fingerdicke Würfel schneiden und in eine Schüssel geben. Das Olivenöl hinzufügen und die halbe Limette dazupressen. Die Knoblauchzehen schälen, fein hacken und mit 1 TL Oregano und dem Paprikapulver zum Fleisch geben. Alles gut durchmischen, die Schüssel mit Frischhaltefolie abdecken und für etwa 30 Minuten in den Kühlschrank stellen. So bekommt das Fleisch sein gewünschtes Aroma.

2 Das marinierte Fleisch aus dem Kühlschrank nehmen, 1/2 TL Salz hinzugeben und noch mal gut durchmischen. Dann die Schweinenackenwürfel auf zwei Holzspieße aufreihen.

3 Das Pflanzenöl in einer Pfanne erhitzen und die Souvlaki-Spieße darin 5–8 Minuten braten, bis das Fleisch gar ist (das kann je nach Dicke der Stücke und Temperatur etwas unterschiedlich lange dauern). Vor dem Servieren noch ein wenig frischen Zitronensaft über die Spieße pressen.

VASSILIS ORIGINAL-ZAZIKI

- 1/2 Gurke
- Salz
- 500 g Joghurt (nach griechischer Art)
- 2 1/2 EL Olivenöl
- 1 EL guter Weinessig (nicht Balsamico!)
- 3 Knoblauchzehen
- Pfeffer

FÜR 2 PORTIONEN

1 Die Gurke schälen und grob reiben. Dann in ein feines Sieb geben, etwa 1 EL Salz darüberstreuen und gut vermischen. Mindestens 30 Minuten stehen lassen, damit das überflüssige Wasser aus der Gurke, das das Zaziki wässrig machen würde, abtropfen kann.

2 Joghurt, Olivenöl und Weinessig in einer Schüssel mit den abgetropften Gurkenraspeln mischen. Den Knoblauch schälen und durch die Knoblauchpresse dazupressen. Mit Salz und Pfeffer abschmecken.

3 Das Zaziki mindestens 2 Stunden im Kühlschrank ruhen lassen, damit es ordentlich durchziehen kann. Vor allem der Knoblauchgeschmack braucht etwas länger, um sich zu entfalten. Zum Schluss noch mal 1/2 EL Olivenöl darüberträufeln und genießen.

VASSILIS SPECIAL DIP

- 5 EL Mayonnaise
- 2 EL Senf
- 1/2 TL Pfeffer
- 1/2 TL edelsüßes Paprikapulver
- 1 Prise Zucker
- 1 Prise Zwiebelpulver
- 1 Zitrone

FÜR 2 PORTIONEN

1 Mayonnaise, Senf, Pfeffer, Paprikapulver, Zucker und Zwiebelpulver in eine Schüssel geben. Den frischen Zitronensaft dazupressen und alles gründlich miteinander verrühren.

2 Für etwa 15 Minuten ziehen lassen – und fertig ist unser Special Dip.

TIPP

Ich füge gerne auch 1 Handvoll frisch gehackten Dill hinzu – das bringt Abwechslung!

TIPP

Ich esse den Dip zu Souvlaki, Pommes, Chips, Sandwiches, Steaks und Burgern – es gibt also sehr viele Gerichte, zu denen er gut passt!

*Ich finde, im Sommer ist ein frischer
Früchte-Shake ein Muss. Er kühlt ab und man
kann mit Leichtigkeit seine Partnerin, seinen
Partner oder Freunde beeindrucken.*

SHAKES

COOKIES-MILCHSHAKE

TIPP

Man kann auch Cookies mit weißer Schokolade nehmen. Schmeckt vom Feinsten!

- *300 g Vanilleeis*

- *500 ml kalte Milch*

- *50 ml Schokosoße*

- *Sprühsahne*

- *6 Schoko-Cookies*

AUSSERDEM:

- *Mixer*

ZUBEREITUNG

1 Zuerst die Gläser kühl stellen. Dann das Eis, die Milch und 20 ml Schokosoße in einen Mixer geben und cremig mixen.

2 Die Gläser aus dem Kühlschrank nehmen und die Innenseiten mit der restlichen Schokosoße bestreichen. Den Cookies-Milchshake auf die Gläser verteilen, nach Wunsch eine Sahnehaube daraufsetzen und mit Schoko-Cookies servieren.

- 200 g Vanilleeis

- 300 ml kalte Milch

- 200 g Himbeeren

- 2 TL Himbeermarmelade

- 2 TL Zucker

- 100 g Erdnussbuttercreme

- 30 ml Himbeersoße
  (dickflüssig)

- Sprühsahne

AUSSERDEM:

- Mixer

FÜR 2 PORTIONEN

ZUBEREITUNG

1 Die Gläser kühl stellen. Dann Vanilleeis, Milch, Himbeeren, Himbeermarmelade, Zucker und Erdnussbuttercreme in einen Mixer geben und cremig mixen.

2 Die gekühlten Gläser von innen mit Himbeersoße bestreichen und die cremige Shake-Mischung hineingießen. Mit etwas Sprühsahne besprühen und mit Himbeersoße dekorieren.

ERDNUSSBUTTER-HIMBEER-SHAKE

TIPP

Ich serviere gern Mini-Marshmallows dazu. In Kombination mit dem Shake ist das vom Feinsten.

MANGO-HONIG-PHYSALIS-SHAKE

TIPP

Man kann das Fruchtfleisch von 1 Maracuja mit untermixen. Das gibt ein leckeren extra Geschmack.

- ◆ 200 g Vanilleeis

- ◆ 300 ml kalte Milch

- ◆ 4 TL Honig

- ◆ 200 g Mangofruchtfleisch

- ◆ 6 Physalis

- ◆ 2 TL Vanillezucker

- ◆ Sprühsahne

AUSSERDEM:

- ◆ Mixer

ZUBEREITUNG

1 Die Gläser kühl stellen. Dann das Vanilleeis, die Milch, 2 TL Honig, die Mango, 4 Physalis und den Vanillezucker in einen Mixer geben und gut mixen, bis die Masse cremig ist.

2 Die Gläser von innen mit Honig beträufeln. Den Shake in die Gläser gießen, mit Sprühsahne besprühen und mit etwas Honig und den restlichen Physalis dekorieren.

KARAMELL-POPCORN-SHAKE

TIPP

*Ich dippe auch gerne mit einem
Schokoriegel in dem
Karamell-Shake – göttlich!*

- *250 g Vanilleeis*
- *550 ml kalte Milch*
- *2 TL Vanillezucker*
- *Karamellsoße (Fertigprodukt)*
- *Sprühsahne*
- *Karamell-Popcorn (Fertig-produkt)*

AUSSERDEM:

- *Mixer*

FÜR 2 PORTIONEN

ZUBEREITUNG

1 Zuerst die Gläser kühl stellen. Dann Eis, Milch und Vanille-zucker in einem Mixer cremig mixen.

2 Die Gläser aus dem Kühlschrank nehmen und die Innen-seiten mit Karamellsoße bestreichen. Das geht am besten mit einem Esslöffel. Den Shake auf die Gläser verteilen, mit Sprühsahne besprühen und mit Karamell-Popcorn bestreuen.

- 250 g Vanilleeis

- 300 ml kalte Milch

- 100 g Nuss-Nugat-Creme

- 100 g Doppelrahmfrischkäse

- 20 g gehackte Haselnüsse

- Sprühsahne

AUSSERDEM:

- Mixer

FÜR 2 PORTIONEN

ZUBEREITUNG

1 Die Gläser kühl stellen. Dann das Vanilleeis, die Milch, die Nuss-Nugat-Creme und den Frischkäse in einem Mixer cremig mixen.

2 Die gekühlten Gläser von innen mit ein wenig Nuss-Nugat-Creme bestreichen und mit den gehackten Haselnüssen ausstreuen. Den Milchshake in die Gläser füllen, mit Sprühsahne besprühen und mit den restlichen gehackten Haselnüssen dekorieren.

NUGAT-CHEESE-CAKE-SHAKE

TIPP

*Ein Croissant passt als Beilage
ganz hervorragend dazu.*

MAKING OF

GUT GEWUSST

ABLÖSCHEN

Nach dem scharfen Anbraten wird durch Zugabe einer Flüssigkeit (z. B. Wein, Essig, Brühe) der am Boden entstandene Bratensatz gelöst.

ABSCHMECKEN

Mit Gewürzen verfeinern. Da Geschmäcker bekanntlich verschieden sind, wird hierbei in der Regel keine Mengenangabe gemacht.

AL DENTE

Pasta »al dente« zu kochen bedeutet, die Nudeln nur so lange im kochenden Wasser zu lassen, bis sie noch Biss haben und auf keinen Fall weich und matschig sind. Am besten schon 2 Minuten vor Ablauf der auf der Packung angegebenen Kochzeit eine Probe-Nudel herausfischen und testen, ob sie schon fertig ist.

ANSCHWITZEN

Etwas in einer Pfanne oder in einem Topf bei geringer Hitze anbraten. Das Gargut »schwitzt« hierbei seine Flüssigkeit aus.

EINKOCHEN

Eine Flüssigkeit einzukochen bedeutet, sie bei mittlerer Hitze so lange offen köcheln zu lassen, bis sie weniger flüssig und sämiger geworden ist.

GEMÜSE PUTZEN

Die meisten Gemüsesorten können nicht einfach so in Topf oder Pfanne wandern, sondern müssen geputzt werden. Das bedeutet, dass man alles, was man nicht mitessen möchte, wegschneidet: Von Zucchini und Möhre kommen die Enden an beiden Seiten ab, von den Paprikaschoten entfernt man den Stielansatz, die weißen Innenhäutchen und die Kerne. Bei Frühlingszwiebeln müssen der Wurzelansatz sowie die oberen dunkelgrünen Blätter dran glauben, bei Tomaten der Stielansatz usw.

KARAMELLISIEREN

Beim Karamellisieren schmilzt Zucker durch Erhitzen und wird zu einer goldgelben, nussig-süßen Masse. Vorsicht, der Zucker darf nicht zu heiß geschmolzen werden, sonst brennt er an und wird bitter. Nicht nur süße, auch herzhafte Speisen können durch Karamell verfeinert werden.

KARTOFFELN – *und ihre Kocheigenschaften*

Die Kocheigenschaften von Kartoffeln werden in drei Kategorien unterteilt: festkochend, vorwiegend festkochend und mehligkochend. Diese Kategorien beschreiben den Stärkegehalt der jeweiligen Sorte und zeigen an, welche Konsistenz die Kartoffeln nach dem Kochen haben.

Festkochende Kartoffeln haben am wenigsten Stärke, behalten ihre Form und fallen nicht auseinander. Sie sind daher gut für Kartoffelsalat, Bratkartoffeln, Pommes, Gratin und Pellkartoffeln geeignet.

Vorwiegend festkochende Sorten – der Allrounder unter den Kartoffeln – sind etwas stärkehaltiger und bieten sich für zahlreiche Zubereitungsarten an, von Salzkartoffeln über Bratkartoffeln, Kartoffelsalat und Ofenkartoffeln bis hin zu Pommes.

Mehligkochende Kartoffeln sind am stärkehaltigsten und fallen nach dem Kochen leicht auseinander. Das macht sie auch besonders locker und so eignen sie sich für alles, was zerstampft, püriert oder geformt werden soll – z. B. Suppen, Püree oder Klöße.

ÖL

Öl ist nicht gleich Öl! Für uns ist hier wichtig die Unterscheidung zwischen Öl, das sich stark erhitzen lässt (also z. B. zum Steakbraten), und Öl, das am besten nur für kalte Speisen oder maximal zum leichten Andünsten geeignet ist.

Zu den hocherhitzbaren Ölen gehören Pflanzenöle wie Sonnenblumenöl, Rapsöl und Kokosöl, aber ebenso Butterschmalz bzw. Ghee. Sie vertragen Hitze gut und haben einen relativ neutralen Geschmack.

Öle, die die Zusatzbezeichnung »nativ«, »unraffiniert«, »kaltgepresst« oder »extra vergine« (bei Olivenöl) haben, sollten nur auf mittlere Temperatur erhitzt werden. Sie sind für hohe Temperaturen ungeeignet und verlieren dabei auch wertvolle Inhaltsstoffe und Geschmack.

PRISE

Eine kleine Menge eines Gewürzes, etwa so viel, wie man zwischen 2–3 Fingern greifen kann.

SCHARF ANBRATEN

Fleisch bei hoher Temperatur in Fett anbraten, sodass sich rasch eine braune Kruste bildet. So schließen sich die Fleischporen besonders schnell, das Fleisch bleibt saftig und aromatisch. Außerdem bilden sich so Röstaromen am Pfannenboden, die später für ein tolles Aroma in der Soße sorgen. Auch Gemüse kann man scharf anbraten und ihm somit eine geschmackvolle Kruste verpassen.

STEAK BRATEN

Beim Braten von Steak & Co. gibt es verschiedene Garstufen – der eine mag sein Fleisch noch fast blutig, für den anderen muss es am besten ganz durchgebraten sein. Die drei Haupt-Garstufen sind »rare«, »medium« und »well done«, übersetzt bedeutet das »blutig«, »rosa« und »durch«.

Bei »rare« ist das Fleisch außen leicht gebräunt und innen noch fast roh, rot und nur leicht erwärmt.

»Medium« gebratenes Fleisch hat eine kräftige, mittelbraune Kruste und das Fleisch im Inneren ist rosa, zart und saftig.

Bei »well done« ist die Kruste dunkelbraun bis schwarz, das Fleisch komplett durchgebraten und braun und weniger zart, dafür fester.

Der Gargrad hängt davon ab, wie lange und wie heiß man das Fleischstück brät, und natürlich auch davon, wie dick und wie groß es ist. Das ist also eine sehr individuelle Angelegenheit und mit einfachen Zeitangaben im Rezept nicht so leicht wiederzugeben. Mit einem ganz einfachen Trick könnt ihr den Garzustand eures Steaks testen – mit dem sogenannten Handballen-Test. Und der geht so:

Garstufe: rare ···▶
Führt Daumen und Zeigefinder derselben Hand zusammen und drückt mit den Fingern der anderen Hand gegen den Daumenballen an der Innenseite eurer Hand. Dieser fühlt sich nun sehr weich an. Fühlt sich das Steak genauso an, ist es sehr blutig.

Garstufe: medium ···▶
Führt Daumen und Mittelfinger derselben Hand zusammen. Der Daumenballen fühlt sich nun schon deutlich härter an. Hat das Steak dieselbe Festigkeit, ist es innen komplett zartrosa.

Garstufe: well done ·······································▶
Führt Daumen und kleinen Finger derselben Hand zusammen. Der Daumenballen ist nun hart und der Widerstand deutlich. Fühlt sich das Steak genauso an, ist es durchgebraten.